新加坡
SINGAPORE

中国驻新加坡大使馆
（ Embassy of the People's Republic of China in the Republic of Singapore ）
地址：150 Tanglin Road，Singapore-247969
领事保护热线：0065-64712117
网址：http://www.chinaembassy.org.sg
注：其他领事馆信息详见附录二

新加坡
SINGAPORE ....

"一带一路"国别文化手册

新加坡
SINGAPORE

中国银行股份有限公司
社会科学文献出版社　编

社会科学文献出版社
SOCIAL SCIENCES ACADEMIC PRESS (CHINA)

序

2013 年，国家主席习近平在出访中亚和东南亚国家期间，先后提出共建"丝绸之路经济带"和"21 世纪海上丝绸之路"的重大倡议，向全世界宣告了亿万中国人民谋求和平发展，与沿线国家和地区共同合作、共建繁荣的美好愿景。"一带一路"战略布局无疑成为当今世界最大的系统性工程，得到国际社会的广泛响应。

道之大者，为国为民。作为中华民族金融业的旗帜，中国银行早已将"为社会谋福利，为国家求富强"的信念植入血脉。在一百多年的发展进程中，不断顺应历史潮流，持续经营、稳健发展，为民族解放、社会进步、国家繁荣做出重要贡献。站在新的历史机遇期，以"担当社会责任"为己任，以"做最好的银行"为目标的中国银行，依托百年发展铸就的品牌价值和全球服务网络，利用海外资金优势，实现全球资源配置，护航"一带一路"战略，不仅具有得天独厚的优势，更是义不容辞的责任。

金融业是经贸往来的"发动机"和"导流渠"，是支持"一带一路"建设的中坚力量。中国银行作为国际化、多元化、专业化程度最高的国有股份制商业银行，截至2015年底，已在"一带一路"沿线18个国家设立分支机构，未来，将持续完善全球布局，增加对"一带一路"沿线国家的机构覆盖。可以肯定地讲，中国银行完全有能力承担起国家赋予的责任与使命，为构建"一带一路"金融大动脉做出重要而独特的贡献。

"一带一路"建设投资规模大、周期长，涉及众多国家和地区，金融需求跨地区、跨文化差异明显，这对银行业提出了新的挑战。如何跟上国家对外投资的步伐，如何为"走出去"企业铺路搭桥，如何入乡随俗、实现文化融合，成为我行海外发展面临的一系列重要问题。《文化中行——"一带一路"国别文化手册》（以下简称《手册》）正是在这个大背景下应运而生。《手册》从文化角度出发，全面介绍了我行已设和筹设分支机构的"一带一路"沿线国家的政治经济环境、金融发展业态、民俗宗教文化等，为海外机构研究发展策略、规避经营风险、解决文化冲突、融入当地社会提供实用性、前瞻性的指导和依据。对我行实现跨文化管理，服务"走出去"企业，指导海外业务发展，发挥文化影响力，实现集团战略都具有重要的价值。

最好的银行离不开最好的文化。有胸怀、有格局的中行人，以行大道、成大业的气魄，一手拿服务，一手拿文化，奔走在崭新又古老的"丝路"上。我们期待《手册》在承载我行价值理念，共建区域繁荣的道路上占有重要一席，这也正是我们实现文化"走出去"战略的题中应有之义。

刘国强

2015 年 12 月

目录

099

第四篇
双边关系

111

附　录

新加坡
SINGAPORE

第一篇
国情纵览

新加坡
SINGAPORE ·······································

一　人文地理

1　地理概况

　　新加坡共和国（以下简称新加坡），也称狮城。位于马来半岛最南端，马六甲海峡出入口，赤道以北约 137 公里处，处于北纬 1°9′～1°29′、东经 103°36′～104°25′。北隔柔佛海峡与马来西亚相邻，南隔新加坡海峡与印度尼西亚相望。平均海拔 15 米，最高海拔 163 米。海岸线总长 200 余公里，土地面积为 714.3 平方公里，由本岛和 63 个小岛组成，其中新加坡岛占全国面积的 88.5%。新加坡总面积因沿岸填海造地而一

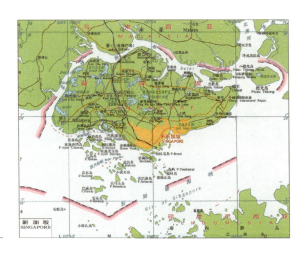

新加坡地理位置

直在扩大，目前已填出 100 多平方公里的新土地。

2 历史沿革

新加坡古称淡马锡。8 世纪属室利佛逝王朝，18 ~ 19 世纪是马来柔佛王国的一部分。1819 年英国人史丹福·莱弗士抵达新加坡，与柔佛苏丹签约，开始在新加坡设立贸易站。1824 年沦为英国殖民地，成为英国在远东的转口贸易商埠和东南亚的主要军事基地。1942 年被日本占领。1945 年日本投降后，英国恢复殖民统治，次年划为其直属殖民地。1959 年实现自治，成为自治邦，英国保留国防、外交、修改宪法、宣布紧急状态等权力。1963 年 9 月 16 日与马来亚、沙巴、沙捞越共同组成马来西亚联邦。1965 年 8 月 9 日脱离马来西亚，成立新加坡共和国，同年 9 月成为联合国成员，10 月加入英联邦。1967 年与印度尼西亚、马来西亚、菲律宾和泰国组成东南亚国家联盟（ASEAN），为发起国之一。

新加坡市

图片提供：达志影像

3　人口综述

截至 2014 年 6 月，新加坡常住总人口为 547 万人，其中 334 万人属于新加坡公民，53 万人为"永久居民"，居住在狮城的外籍人士数量相当多，约有 160 万人。在总人口中，华人约占 75%，其余为马来人、印度人和其他种族人。新加坡人主要由近一百年来欧亚地区的移民及其后裔组成。其移民社会的特性以及殖民统治的历史和地理位置的影响，使新加坡呈现多元文化的社会特色。

4　语言文字

马来语为新加坡的国语，英语、华语、马来语、泰米尔语为官方语言，英语为行政用语。

二　气候状况

　　新加坡地处热带，长年受赤道低压带控制，为赤道多雨气候，年温差和日温差小。平均气温为 23 ～ 34℃，年均降雨量为 2400 毫米左右，湿度为 65% ～ 90%。11 月至次年 3 月为雨季，受较潮湿的东北季候风影响天气不稳定，通常在下午会有雷阵雨，平均低温徘徊在 24 ～ 25℃。6 ～ 9 月则吹西南风，空气最为干燥。在季候风交替月，即 4 ～ 5 月和 10 ～ 11 月，地面的风力弱且多变，天气酷热，最高气温可达 35℃。

特别提示

★ 新加坡属东八时区，没有夏令时，与北京没有时差。

★ 新加坡风光绮丽，岛上花园遍布，绿树成荫，素以整洁和美丽著称。全国耕地无几，人口多居住在城市，因此被称为"城市国家"。

★ 新加坡属于热带气候，没有什么自然灾害。

扩展阅读：新加坡环境保护有奇招

　　新加坡是一个美丽清洁的岛国，几乎无处不见花、无处不披绿，享有"花园城市"的美称。"花园城市"的建设经历了一个"痛苦"的过程。

新加坡于 1965 年独立后迅速实现工业化，经济高速发展和人口增长使新加坡完全成为一个城市国家，各类建筑覆盖了 2/3 的国土，乡村销声匿迹，耕地丧失殆尽，粮食、蔬菜和肉品完全依赖进口，水资源日益短缺，治理空气污染和保持城市清洁的压力越来越大。

新加坡政府提出了洁净的饮水、清新的空气、干净的土地、安全的食物、优美的居住环境和低传染病率等环境目标，通过健全的法律、周密的计划、严格的执法和到位的管理对工业化的环境后遗症进行补救。

新加坡具有完备的环境立法。新加坡环境污染管制法令对各类废弃物处理和排放都有明确的标准，各项工程建设、工商活动和日常生活都有法可依。新加坡也设立了相应的专门机构，负责确保各项建设和社会活动不会引起不可控制的健康问题、安全问题和污染问题。

环境维护和建设并重，是新加坡环境管理的一大特色。新加坡是世界上人口密度最高的国家之一，精心的城市规划创造了令人不感到拥挤的空间。新加坡人自称其国家是弹丸小国，但无论是在新加坡的工厂区还是在居民区，高楼大厦之间都建有花园，空地都铺有草坪，就连过街天桥上也不例外。近年来，新加坡政府在尚未开发的 1/3 的国土上不再搞建筑工程，转而依靠填海和拆旧建新来解决土地奇缺问题，把尚存的自然地段留给子孙后代。为减少对外国水供应的依赖，新加坡计划把全国 70% 国土上的雨水都收集起来。

垃圾、废水、废气是世界各大城市普遍感到头疼的问题。新加坡政府设立了专职部门，帮助厂家和居民提高资源的利用效率，减少废弃物的产生。目前新加坡的制造业废料有 40% 已得到再循环使用。政府推行的生活垃圾分类回收已在 1/7 的居民中实施，垃圾收集人员定期发给居民专用塑料袋，定期回收纸张、旧衣服、电器元件等可再生垃圾。新加坡工业废水必须经处理达标后才能排放，经净化的再生水重新用作工业用水。新加坡在主要马路上设立了汽车尾气监测体系，不符合"欧洲 2 号"废气标准的车辆已被禁行。

新加坡的清洁环境还得益于其公共卫生教育和严厉的执法。新加坡每年都开展清洁周和绿化周活动。在新加坡的公共汽车上往往可以看到"乱扔垃圾罚款 1000 新元"的告示。违规者必会收到一张罚单，如果不按时缴纳罚款就会受到法院传讯。此外，违规者还会被有关部门召去充当反面教员，穿上带有"垃圾虫"标志的服装当众"扫街"，借以示众。乱扔烟蒂、随地吐痰、攀折花木、破坏草坪、驾驶冒黑烟车辆等都会受到类似惩罚。

新加坡在工业化过程中破坏了原有的生态环境，但经过不懈的努力又建立起了一个新的良好的生活环境。

三 文化国情

1 民族

新加坡是一个移民国家。19 世纪前半期，中国、印度、马来半岛和印度尼西亚群岛的移民进入新加坡。截至 2012 年 6 月，华人占 74.2%，马来人占 13.3%，印度裔占 9.2%，欧亚裔及其他民族占 3.3%。大多数新加坡华裔的祖先来自中国南方，主要是福建、广东和海南，其中四成是闽南人，其次为潮汕人、广府人、莆仙人（莆田人）、海南人、福州人、客家人，还有峇峇、娘惹等。

2 宗教

新加坡的主要宗教为佛教、道教、伊斯兰教、基督教和印度教。其中佛教是新加坡的第一大宗教，40% 的人口信奉佛教，多为华人。其他一些华人还信奉道教、基督教以及天主教等。马来人绝大多数是伊斯兰教徒，印度裔则以信奉印度教和锡克教为主。

特别提示

★ 新加坡是个多元种族的移民国家，也是全球国际化程度最高的国家之一。

新加坡佛牙寺

图片提供·达志影像

★ 华人在新加坡经济社会中的地位很高，其经商表现突出，
　成立有"中华总商会"等规模大、影响广的商会组织。

★ 新加坡的宗教信仰比较繁杂，人群种类比较多，有
　着不同的文化。

★ 多数新加坡人在日常生活中并不感觉族群关系紧张。

扩展阅读：新加坡的宗教信仰

新加坡是一个多元民族、多元文化的移民国家，

有宗教信仰的新加坡人占全国人口的83%。新加坡提倡宗教与族群之间的互相包容精神，实行宗教自由政策，为多宗教国。新加坡的宗教建筑各式各样，许多历史悠久的寺庙都被完整地保留下来，而且每年都有各式各样的庆祝活动。

佛教与道教

佛教是新加坡的第一大宗教，教徒约占人口的33%。多年以来，各个佛教团体联合主办宗教、文化、教育与社会福利计划等活动，把佛法与公众的距离拉近。光明山普觉禅寺有90多年的历史，是新加坡最大的佛教寺院之一。

道教徒占人口的11%，早期的华人移民带来了他们的宗教信仰与习俗，不同籍贯的华人各自兴建庙宇，其中有一些庙宇，如天福宫和粤海清庙，已成为国家古迹。四马路观音堂是新加坡香火鼎盛的庙宇之一，观音堂主殿内的主神像是十八手观音圣像，各地赶来祈福的香客络绎不绝。

天主教与基督教

教徒占人口的18%。新加坡共有30座天主教堂，并管理30多所学校。天主教会也开办医院、老人院和儿童收容所。莱佛士在1819年登陆新加坡后4个月，曾把一块土地赠送给伦敦宣教会。5个月后，第一位基督教传教士抵达新加坡。在最初的数十年里，一些不同的团体对新加坡基督教会的发展做出了独特的贡献，这些团体包括西方商人族群、海外传教士，以及印度与中国的基督徒移民等。

伊斯兰教

新加坡有近 65 万名伊斯兰教徒，占人口的 15%。马来人或巴基斯坦血统的人民基本上属于伊斯兰教的逊尼派，另外也有部分印度血统和华人信奉伊斯兰教。

兴都教

新加坡有超过 10 万名印度裔教徒。新加坡有 24 座主要的兴都庙，其中位于桥南路的马里安曼兴都庙和实龙岗路的斯里尼瓦沙柏鲁马兴都庙都被列为国家古迹。

锡克教与其他宗教

教徒合计只有 2 万余名。锡克教是 19 世纪从印度传入的，在新加坡有 7 座锡克庙，教徒主要是锡克族警察和保安员。犹太教在新加坡有 2 个会堂，拜火教在新加坡则没有庙宇。

3　风俗与禁忌

（1）民族服饰

新加坡是一个多民族国家，各民族有着各自的服饰文化习俗。但新加坡作为经济发达的现代化国家，长期受西方文化的影响，所以不论哪个民族，一般都喜欢穿西服。

但穿西服过于严肃，因而近几十年来，穿夹克衫和牛仔装也很普遍。妇女喜欢穿裙子，尤其是年轻姑娘所穿裙子的颜色特别鲜艳，洁白的上衣罩在薄薄的裙子上，显得轻盈飘逸、落落大方。老年妇女穿的裙子一般素淡庄重。学生上学穿校服，男学生穿白衬衫、黑裤子，女学生则穿白衬衫、红裙子。

马来人的民族服装"纱笼"最有特色。纱笼宽大松长，穿在身上遮手盖脚。它分为便服和传统礼服，其中礼服讲究做工，尤其是传统女装都是用专门的丝绸或布料制成的，图案优美，工艺精细。穿上传统女装，头披一条单色薄纱巾，显得光彩夺目、婀娜多姿。男士穿上纱笼，头戴"宋谷"帽，则显得飘逸大方。由于穿着纱笼上班不方便，马来人一般在探亲访友、上清真寺或在传统节日时才穿。

印度男人的传统服装是白袍，腰间扎一条白腰带；女人则穿裙子、披纱丽。

在新加坡，华人约占75%，旗袍是备受当地华人妇女喜爱的服饰。

早年华人下南洋，娶马来人为妻，生下的女儿称为"娘

娘惹服饰
图片提供：达志影像

惹"，是娘惹文化的代表之一。在马来传统服装的基础上，改成西洋风格的低胸衬肩，加上中国传统的花边修饰，就是娘惹服饰。娘惹服饰多由轻纱制成，颜色不仅有中国传统的大红和粉红，而且有马来人的吉祥色土耳其绿；点缀的图案多是中国传统的花、鸟、虫、鱼、龙、凤等。

此外，新加坡还有很多行业服装，如商店有店服，工厂有厂服。男律师出庭时穿长袖衫和黑长裤，女律师则穿白长衫和黑裙子。

（2）饮食文化

新加坡的饮食文化十分发达，甚至以"美食天堂"自居。新加坡同中国香港相似，都融合了中西方文化，在饮食文化方面体现得也非常突出。在新加坡可以品尝到来自世界各国的美食，找到适合自己口味的饭菜绝不是一件难事。

新加坡的饮食特色集中在当地人做的美食上，包括中餐、印度餐和马来餐。中餐主要以福建、广东和海南等地的特色菜为主，也融入了马来饮食的特色，如咖喱鸡和咖喱鱼头等菜可谓别具特色的"中餐"。新加坡人非常喜欢吃辣，他们在吃饭时，都要配一碟泡辣椒。

中餐可以说是"新加坡特色的中餐"。随着越来越多中国大陆移民的涌入，在新加坡也可以吃到中国各地的食物，如四川火锅、北方饺子、上海菜等。不过这些中国本土的食物在新加坡并不普遍，也不是大众化的食物，需要到特定的餐馆里才可以吃得到。

印度菜和马来西亚菜别具一格。具有代表性的是马来人做的沙爹（这是一种类似刷上咖喱酱的烤羊肉串的食物），马来炒饭以及印度人的煎饼和羊肉汤都是相当不错的美食。

在新加坡的饮食特色中，印度菜和马来西亚菜对中国人来说还是因人而异的。当然，并不是所有的中国人都能接受这些食品，有些华人甚至在新加坡居住了好多年也没尝过这些食品。

新加坡人吃饭的地方往往被称为"熟食中心"，分布在各住宅区、商业中心、地铁站和大的商场里。在这些熟食中心，有很多提供不同食品的摊位，同时会提供吃饭用的桌椅等设施，类似于国内大公司或者学校里的餐厅。

（3）风俗习惯

"华裔之国"——新加坡，其华人从事的职业无所不包，但一般都继承了祖先的传统，经营饮食业、酿酒业的多为广东籍华人，从事贸易业的多为福建籍华人，而广东潮州集团和海南省籍华人则以从事工厂劳务或厨师等职业居多。

新加坡人在社交场合与他人所行的见面礼节多为握手礼。由于文化的多元化，新加坡的礼仪与习俗也呈现多样化：华人习惯于拱手作揖或鞠躬，而马来人则采用"摸手礼"。新加坡人特别强调笑脸迎客，彬彬有礼。新加坡政府强调"不学礼，无以立"，而且专门编撰了《礼貌手册》。

新加坡人招待客人一般是请客人吃午饭或晚饭。与新加坡的印度人或马来人一起吃饭时，不要使用左手。到新加坡人家里吃饭，可以带一束鲜花或一盒巧克力作为礼物。谈话时，避免谈论政治和宗教，可以谈谈旅行见闻、所去过的国家以及新加坡的经济成就。

　　新加坡人对色彩的想象力很丰富，对红色、绿色、蓝色比较喜欢，视紫色、黑色为不吉利，视白色、黄色等为禁忌色。在商业上，反对使用如来佛的形态和侧面像；在标志上，禁止使用宗教词句和象征性标识。喜欢红双喜、大象、蝙蝠等图案。数字禁忌 4、7、8、13、37 和 69。

（4）重要节日

　　新加坡各民族按照自己的历法有着不同的节日与风俗。新加坡的法定节假日为 11 天。比较重要的节日有：华人新年（同中国的春节）；中秋节（农历八月十五日）；开斋节（伊斯兰教历 10 月新月出现之时）；泰米尔新年（每年 4 ~ 5 月）；国庆节（8 月 9 日）；圣诞节（12 月 25 日）。此外，还有元旦、复活节、哈芝节、劳动节等。

　　新加坡实行每周 5 天工作制，周六、周日为休息日。

特别提示

★ 新加坡人的饮食习惯往往受广东、福建、海南和上海的影响，口味喜清淡，偏甜。马来人忌食猪肉、狗肉、自死之物和动物的血，不吃贝壳类动物，不饮酒；印度人则绝对不吃牛肉。在用餐时，不论马来人还是印度人都不用刀叉、筷子，习惯于用右手直接抓取食物，忌用左手取食。

★ 在新加坡进行贸易谈判时，不要跷二郎腿，否则将破坏成交机会。假如不知不觉地把一只脚颠来颠去，以至于鞋底朝向了对方，这笔买卖就要告吹了。哪怕是无意中稍微碰了对方一下，也会被认为是不可忍受的。

★ 新加坡有很多种宗教信仰，到一些宗教场所时要尊重他人的信仰习惯。在参观庙宇和回教堂时，衣着必须端装得体，手脚要有衣物遮盖；访印度寺庙时，要在进门之前脱鞋，到本地人家里做客也是如此。

★ 新加坡不鼓励支付小费，酒店和餐馆的账单上都会列出 10% 的服务费。机场内禁止支付小费。

新加坡
SINGAPORE

第二篇
政治环境

新加坡
SINGAPORE ··

一 国家体制

1 国体、元首及国家标识

根据《新加坡共和国宪法》，新加坡实行议会共和制。总统为国家名义元首，掌握国家储备的第二把钥匙，由全民选举产生，任期 6 年。总统委任议会多数党领袖为总理。总统有权否决政府财政预算和公共部门职位任命，可审查政府行使内部安全法令与宗教和谐法令所赋予的权力以及调查贪污案件。总统顾问理事会受委托向总统提供咨询与建议。总统在行使某些职权，如主要公务员任命时，必须先征求总统顾问理事会的意见。总统和议会共同行使立法权。议会称国会，实行一院制。议员由公民投票选举产生，任期 5 年，由占国会议席多数的政党组建政府。

新加坡国旗

新加坡国徽

2 宪法概述

《新加坡共和国宪法》是应用于新加坡的国家最高宪法。1963 年 9 月，新加坡并入马来西亚后，颁布了州宪法。1965 年 12 月，州宪法经修改成为《新加坡共和国宪法》，并规定马来西亚宪法中的一些条文适用于新加坡。1992 年，新加坡根据 1991 年的宪法修正案颁布民选总统法案，规定从 1993 年起总统由议会选举产生改为由公民选举产生，任期从 4 年改为 6 年。根据《新加坡共和国宪法》的规定，国家机构分成三部分，即行政、立法和司法，三权分立。

二　政治制度

1　政体概述

（1）国会

新加坡实行一院制，任期 5 年。国会可以提前解散，大选须在国会解散后 3 个月内举行。年满 21 岁的新加坡公民都有投票权。国会最多可拥有 99 名议员，其中 87 名由地区直选方式产生，另外最多可有 6 名非选区议员和 9 名官委议员。在 2011 年的大选中，直选议员从全国 12 个单选区和 15 个集选区中由公民直接选举产生。从 1988 年的大选开始，新加坡选举委员会就推出了集选区制度。该制度规定，集选区候选人 3 ~ 6 人为一组搭配参选，其中至少 1 人必须是马来族、印度族或其他少数种族之一。同组候选人必须同属一个政党，或均为无党派者，并作为一个整体竞选。选民不能选举单一的候选人，而只能选举一组候选人，得票最高的一组候选人当选。非选区议员从得票率最高的反对党未当选的候选人中任命，确保国会中有非执政党的代表。

官委议员由总统根据国会特别遴选委员会的推荐任命，任期两年半。这一制度始于 1990 年，被提名的官委议员必须为公共服务做出过突出贡献，或为新加坡赢得过荣誉，或在文学、艺术、文化、科学、商业、工业、社会或社区服务等方面有过杰出成就。

现有的议会（2011 年新加坡大选选出）共有 99 名议员，其中包括 87 名选区议员、3 名非选区议员和 9 名官委议员。

（2）内阁

总统委任总理，并根据总理推荐委任部长组成内阁。内阁对国会负责，成员包括总理、副总理及各部部长。

（3）司法

新加坡司法独立，设最高法院和总检察署。最高法院由高等法院和上诉庭组成。1994 年，废除上诉至英国枢密院的规定，确定最高法院上诉庭为终审法庭。最高法院大法官由总理推荐、总统委任。

（4）军队

新加坡武装部队组建于 1965 年，建军节为 7 月 1 日。总统为三军统帅。实行义务兵役制，服役期为 2 ~ 3 年。现役总兵力约 7.25 万人，另有预备役约 30 万人，准军事部队约 10.8 万人。新加坡重视全民防卫教育，致力于建设第三代"智能"军队。

2　政治中心

新加坡市是新加坡的首都，位于新加坡岛南端，南距赤道 136.8 公里，面积约 98 平方公里，约占全岛面积的 1/6。这里地势和缓，最高点海拔 166 米。

新加坡市是全国的政治、经济、文化中心，是世界上最大的港口之一和重要的国际金融中心。

3 主要政党

新加坡是多党制国家，目前已注册的政党共 25 个。主要有人民行动党和工人党。

（1）人民行动党

人民行动党是新加坡独立至今的唯一执政党。1954 年 11 月由李光耀等人发起成立。在人民行动党的带领之下，新加坡经济迅速发展，成绩斐然。人民行动党获得新加坡民众的大力支持，从 1959 年至今一直保持执政党地位。李光耀长期任该党秘书长，1991 年吴作栋接任。2004 年 12 月，李显龙接替吴作栋出任该党秘书长。现任党主席为许文远，现有党员约 1.5 万人。

（2）工人党

工人党是新加坡国内的主要反对党之一，也是目前最大的反对党之一。1957 年 11 月由律师大卫·马绍尔创立，2001 年刘程强出任工人党秘书长，2002 年林瑞莲担任该党主席。近年来工人党的影响有所扩大。自 1981 年起，工人党在大选中数次赢得议席。在 2011 年的大选中获 6 席，随后在 2013 年的补选中再获 1 席，从而史无前例地获得了 7 个国会议席和 2 个非选区席位，席次从 2011 年的 8 席提升到 9 席。

4 主要政治人物

本届内阁于 2011 年 5 月 21 日组成，曾于 2012 年 8 月 1

日、2014 年 4 月 29 日两次改组。主要成员有：总理李显龙，副总理兼国家安全统筹部部长及内政部部长张志贤，副总理兼财政部部长及人力部部长尚达曼，贸工部部长林勋强，总理公署部部长林瑞生，通信及新闻部部长雅国，国家发展部部长许文远，国防部部长黄永宏，环境和水资源部部长维文，外交部部长兼律政部部长尚穆根，卫生部部长颜金勇，交通部部长吕德耀，总理公署部部长、内政部兼贸工部第二部长易华仁，教育部部长王瑞杰，总理公署部部长、环境和水资源部兼外交部第二部长傅海燕，社会与家庭发展部部长兼国防部第二部长陈振声，人力部部长陈川仁，文化、社区和青年部部长兼通信及新闻部第二部长黄循财。

特别提示

- ★ 宪法规定，新加坡实行议会共和制，总统为国家元首，与议会共同行使立法权；以总理为首的内阁行使行政权；司法独立。

- ★ 新加坡政府以廉洁高效著称于世。新加坡政党众多，但人民行动党在新加坡建立起威权统治，并形成了一党独大的局面。人民行动党自建国至今是新加坡唯一的执政党，在其高效、卓越的领导下，新加坡迅速转变为东南亚最享盛名的贸易转口港和财富中心。

- ★ 新加坡的特殊国情决定了政府威权政治的执政风格。

在政体方面，政府利用议会制的合法形式构建了西方式的民主框架，表面上确立了三权分立制度，然而执政党一党独大的客观形势大幅削弱了议会对政府的制约能力。

三　行政结构

1　行政区划

新加坡是一个城邦国家，故无省市之分，而是以符合都市规划的方式将全国划分为五个社区（行政区），分别为中区社区（约120万人）、东北社区（约130万人）、西北社区（约83万人）、东南社区（约84万人）、西南社区（约83万人），由相应的社区发展理事会管理。

2　行政机构

内阁部门（16个）。具体是：总理公署部，通信和信息部，文化、社区和青年部，国防部，教育部，财政部，外交部，卫生部，内政部，司法部，人力部，国家发展部，社会和家庭发展部，环境和水资源部，贸易和工业部，交通部。

法定机构（65个）。具体是：会计与企业管制局，科学、技术和研究局，农业食品与兽医局，建筑师委员会，建设局，赌场管制局，中央公积金委员会，新加坡民航局，民事服务学院，新加坡竞争委员会，地产代理委员会，私立教育理事会，国防科技局，经济发展局，能源市场管理局，家庭医生认可委员会，保健促进局，卫生科学局，印度教宗教基金委员会，酒店牌局，建屋发展局，新加坡资讯通信发展管理局，新加坡税务局，学院东南亚研究所，工艺教育学院，新加坡知识产权局，新加坡国际企业发展局，裕廊集团，陆路交通管理局，伊斯兰教狮城议会，新加坡海事及港务管理局，媒体发展管理局，新加坡金融管理局，南洋理工学院，国家艺术理事会，国家社会服务理事会，国家环境局，国家文物局，国家图书馆管理局，国家公园局，义安理工学院，人民协会，新加坡专业工程师局，国家水资源局，公共交通理事会，共和理工学院，科学中心局，圣淘沙发展公司，新加坡更生企业公司，新加坡牙医管理委员会，新加坡考试及评核局，新加坡劳工基金，新加坡土地管理局，新加坡医药理事会，新加坡护士管理委员会，新加坡药剂理事会，新加坡理工学院，新加坡体育理事会，新加坡旅游局，新加坡劳动力发展局，新加坡春天公司，中医委员会，淡马锡理工学院，赛马博彩管理局，市区重建局。

3 法律概况

新加坡是一个崇尚"法律之上没有权威、法律之内最大自由、法律之外没有民主、法律面前人人平等"的法治国家。新加坡具有完备的法律体系，靠"有法必依、执法必严、严刑峻法"治理营造了一个安全有序的社会环境。

新加坡已经建成了一个在全世界范围内都堪称先进的法律网络，严密的法律网络覆盖了社会经济生活的各个方面。商业法律法规采用国际原则，具体分为基本搬用和重新制定两种，前者在新加坡民事法令第五条第五款中规定，英国的商业法令，如公司法、合同法、合伙法、银行法、代理人法、售货法、海陆空运输法、保险法等，在新加坡继续有效并适用；后者是根据英国有关法令的规定，重新制定新加坡法律，如票据法、受挫合约法等。

目前，新加坡现行法律有 400 多种，法律调整的范围非常广泛，从政府权力、商业往来、旅店管理、交通规则，直到公民生活的各个方面，几乎无所不包。一旦发现无法可循或需要修正法律，会立即由国会立法。另外，新加坡法院可以援引为判案根据的法律规则之渊源也十分广泛，包括作为最高法律的宪法、国会法规与条例、制定法、补充性立法、司法判例、法律承认的惯例等。

新加坡有一套严格的执法机制和执法程序，强调法律的公众性，即法律面前人人平等。任何人在新加坡违犯法律，都要受到法律的制裁。独立的司法体系严谨地将此原则付诸实施，不论内阁部长、普通人、权贵、名人、贫穷市民，不论种族、宗教、肤色、语言，也不论外国人或新加坡公民，一律受到法院依法庭程序进行的平等的审理，也都同样享有诉讼及辩护的权利。

2000 年，设在香港的政治及经济风险咨询机构（PERC）把新加坡法律制度的效率与可靠性列为亚洲第一。新加坡透明公正的法律体系，使市场活动的参与者能够获得充分的信息，减少了投资的不确定性因素和风险，提高了社会的经济效率，增强了广大投资者特别是海外投资者的信心。

新加坡同包括中国在内的许多贸易伙伴都签署了国际投资

担保协定。在协定下，签署国或组织的个人和公司在对方境内投资时，最初都享有 5 年的保障，以免受到战争以及征用资产、资产国有化等非商业风险的影响。

海外投资者的业务如果受到非商业风险的影响，新加坡政府将给予他们赔偿。一般的赔偿额等于资产被征用或国有化之前的价值。但实际上，新加坡的这类风险甚低，劳工运动绝无仅有，而且政府允许并支持外国人在新加坡自由投资和发展，也没有规定外国公司必须有本地董事，资金也可以自由出入。签署投资担保协定的目的是向海外投资者保证新加坡政府会平等对待所有投资者；准许投资者把在当地赚取的资金汇回自己的国家；在征用投资者的资产或把这些资产国有化时，为给予合理（接近市场价值）的赔偿提供一个解决纠纷的机制。

4 司法机构

新加坡高等法院与新加坡上诉庭是新加坡司法的最高裁决机构。新加坡高等法院负责对重大刑事或民事案件进行审判，同时也接受判决上诉。高等法院的主审判长、资深法官以及 6 名大法官由总统任命。若对高等法院判决不服则可继续要求上诉庭重新考虑。1994 年新加坡废除了英国枢密院的最终裁定权，新加坡国内案件不可再交由位于伦敦的枢密院最终裁定。

特别提示

★ 新加坡独立前，其境内所适用的法律均为英联邦法律。1965 年新加坡获得独立后，便走上了自主立法的道路。

★ 新加坡的法定刑普遍较重，还保留了传统法制下的肉刑——鞭刑，并根据作案次数量刑。

★ 以下行为要被罚款：在剧场、影院、餐馆、装有空调的商店、政府机关办公室等禁烟区吸烟；使用公厕后不主动抽水冲洗；在地铁等公交系统喝饮料、水等；不注意保持环境卫生清洁，随地吐痰、弃物；过马路闯红灯；乱按地铁的警示铃或制动闸；等等。

四　外交关系

新加坡是不结盟运动的成员国，奉行和平、中立和不结盟的外交政策，主张在独立自主、平等互利和互不干涉内政的基础上，同所有不同社会制度的国家发展友好合作关系，但将自己看作美国在东南亚地区的主要盟友。

1　外交原则

作为一个城市小国，新加坡没有左右地区和国际形势的实力，其外交活动的重点只能是维护本国的生存和安全，为本国的经济社会发展创造良好的外部条件。因此，新加坡奉行务实的外交政策，注重加强东南亚区域内的对话与合作，积极加入第三世界阵营，同时注重发展与发达国家的关系，不介入国际问题的对抗，不介入大国之间的抗争与对立，树立在国际舞台上的美好形象，努力发挥自身的积极影响。

新加坡在东南亚国家联盟中发挥了重要作用，是该组织的5个发起国之一。迄今，新加坡已与180多个国家和地区建立了外交关系。主要外交思路是：立足东盟，致力于维护东盟的团结与合作，推动东盟在地区事务中发挥更大的作用；面向亚洲，注重发展与亚洲国家特别是中国、日本、韩国、印度等重要国家的关系；奉行"大国平衡"原则，主张在亚太建立美国、中国、日本、俄罗斯战略平衡格局；突出经济外交，积极推进贸易投资自由化，已与新西兰、日本、欧洲自由贸易协会、澳大利亚、美国、约旦、韩国、印度和巴拿马签署双边自由贸易协定，与新西兰、智利、文莱签署首个地跨三大洲的自贸协定，并与巴林、埃及、科威特和阿联酋就商签双边自贸协定达成共识。倡议建立了亚欧会议、东亚－拉美论坛等跨洲合作机制。

2　大国关系

新加坡奉行"大国平衡"政策。采取"多边卷入""多边支撑"，同时接触美国、日本、中国和俄罗斯，维持实力均衡以抵消相互的影响，从而达到维系东南亚地区和平与安全的目的。新加坡认为中国、美国、日本三国在新的时期建立新的平衡是亚太地区实现长期繁荣、稳定的根本保证，而美国势力继续留在东南亚则是建立大国之间"多极平衡"的关键。

（1）与美国的关系

新加坡支持美国继续驻军东南亚，并欢迎美国重返亚太的战略政策。李光耀在 2009 年访美时曾高调呼吁美国积极参与亚洲事务，确保区域平衡。这一发言的矛头也被理解为直指中国在亚洲的崛起，表达了新加坡对中国的复杂心态。

但若因此认为新加坡是"亲美"国家也是以偏概全的。新加坡希望通过美国来制衡中国，但也最不希望看到中美交恶，因为一旦世界前两大经济体陷入争执，可能重新引导世界格局进入"冷战思维"，这对以国际贸易为立身之本的新加坡来说将是灾难性的打击。新加坡希望通过不同地区的合作机制，使包括中国、美国、日本、韩国在内的主要国家积极介入地区事务。在新加坡领导人看来，依靠几个大国在地区内相互竞争来维系安全，要比把国家命运拴在一个强大的伙伴身上更保险。

（2）与日本的关系

1966 年 4 月 26 日，新加坡和日本建交，同日本关系密切。日本是新加坡的第三大贸易伙伴。在进口方面，日本是新加坡的最大进口国。同时，日本是新加坡外来投资的主要来源国，投资重点领域是化学和电子业。

（3）与苏联/俄罗斯的关系

1962 年 9 月，李光耀作为"顾问"参加英联邦国家总理会议，他从伦敦返回新加坡途中访问了莫斯科。1966 年 4 月，新苏签署贸易条约。1968 年初，新加坡橡胶商与苏联合资创办了"新苏船务公司"；1968 年 6 月，两国建交，互派大使。苏联还在新加坡设立银行和开办工厂，与新加坡 90 多家商行建立了业务联系。

新加坡注意发展与苏联的关系，目的是抵消美国在东南亚的强大影响。1970 年 9 月，李光耀正式访问苏联，与苏联领导人就发展两国关系、加强两国经贸联系等问题举行会谈。对 1969 年 6 月苏联领导人勃列日涅夫提出的建立亚洲集体安全体系的建议，新加坡一直都表示积极的兴趣，但希望有更进一步的妥善设计，以便加强东南亚国家的和平与安全。

1991 年苏联解体后，新加坡与俄罗斯保持友好的外交关系。新加坡非常重视与俄罗斯的军事合作，陆军装备了 160 套从俄罗斯进口的最先进的 SA-18 肩扛式地对空导弹。

（4）与印度的关系

新加坡注重发展与印度的关系。李光耀与印度尼赫鲁家族的三位总理——尼赫鲁、英迪拉·甘地以及拉吉夫·甘地都有着深厚的友谊。1988 年 3 月李光耀访印后，两国贸易关系不断加强。

新加坡支持印度、斯里兰卡两国签署的和平协议，赞扬印度作为不结盟运动和七十七国集团的传统领袖，在裁军、反对种族隔离等问题上扮演的领导角色，以及在南亚区域合作组织中所起的积极作用。

20 世纪 90 年代，随着区域化经济战略的推进，新加坡与印度的经贸关系进一步发展。1994 年 1 月，吴作栋总理率领一个规模庞大的商业代表团访印，与印度签订了海运、旅游观光、防止双重课税等方面的合作条约。吴作栋称他和印度总理拉奥已共同为双方的经济合作架起了一条"高速公路"。1995 年 1 月，应印度总理拉奥和印度全国工商联合会的邀请，吴作栋总理再度率 36 人的代表团访印，这使新加坡的"印度热"进一步升温。1995 年 1 ~ 10 月，新印两国贸易总额达到 33 亿新元，比上年同期增长 28%。其中，新加坡对印度的出口额为 19 亿新元，增长了 50%。两国的一项重要合作项目是在印度的班加罗尔兴建新加坡科技工业园。

1996 年 1 月，李光耀资政和贸工部部长姚照东率 18 人的工商代表团访印，进一步密切了两国关系。

2015 年 11 月 25 日，在新加坡和印度欢庆建交 50 周年之际，两国正式将双边关系层级提升至战略伙伴关系，为日后更密切的双边交流奠定了重要基础，并在实现两国经济发展潜能的同时，促进区域和平稳定发展。

（5）与中国的关系

曾有人视新加坡为"中国摆在东南亚的特洛伊木马"，因为新加坡当地华人存在难以割舍的中国情缘。在冷战时期社会主义阵营"输出革命"的背景下，为避免招致对中国采取敌对态度的东南亚邻国的猜疑，直到 1989 年印度尼西亚与中国恢复外交关系后，新加坡才与中国全面建交，是东南亚国家里最晚与中国建交的国家。新加坡历史上也长期对共产主义、民主主义等可能挑战其威权统治模式的"左""右"各派政治力量进行打压。整体而言，新加坡的对外政策长期着力于淡化其华人色彩，保持与中国的政治距离。

不可否认，近年来新中两国的贸易发展有目共睹。据新加坡国际企业发展局统计，2013 年 1 ~ 6 月新加坡与中国的双边贸易额为 424.6 亿美元，比上年同期增长 6.1%。其中，新加坡对中国出口 216.1 亿美元，增长 3.2%；自中国进口 208.5 亿美元，增长 9.2%。中国已成为新加坡的第三大出口市场和第一大进口来源地。

3　邻国关系

东盟成立于 1967 年 8 月 8 日，新加坡、马来西亚、印度尼西亚、泰国和菲律宾是其最初创建国。1984 年 1 月 1 日，新独立的文莱加入东盟，成为第 6 个成员国。1995 年，越南加入。

1997 年，老挝和缅甸加入。1999 年，柬埔寨成为第 10 个成员国，建立"大东盟"的梦想最终得以实现。

东盟的目标是努力把东南亚变成一个和平、自由与中立的地区。新加坡认为东盟是本地区安全、稳定和繁荣的基本前提，因此，新加坡政府把发展和加强与东盟国家的关系作为其对外政策的基石和支柱，强调与东盟成员国的团结与合作，保持与东盟各国在政治、经济、军事、文化方面的密切合作。40 多年来，新加坡一贯重视与东盟国家的对话和协调一致的原则，共同维护东盟国家的利益，积极推动东盟成为一个"能避免和处理内部冲突，以及在地区性问题上以共同的外交声音说话"的机构。同时，新加坡历来重视同邻国马来西亚、印度尼西亚的传统友好关系，这是新加坡外交政策最优先的课题之一。每当在外交上采取重大行动时，新加坡都向东盟伙伴通报，并通过对话和协商解决与一些东盟国家之间的矛盾。

20 世纪 80 年代以后，东盟国家加强了经济合作，成立了区域性经济组织。新加坡与东盟成员国签署了特惠贸易关税条约，规定凡属特惠贸易安排的商品，只要符合 50% ~ 60% 的产品是由东盟国家自己生产的这一原则，就可以享受减税的待遇。该协议突破了东盟内部长期存在的关税壁垒，有利于东盟国家在经济上取长补短、互相协调，也促进了新加坡与其他东盟成员国之间的贸易发展。在工业方面，东盟实行"工业互补计划"。东盟国家还合作成立了东盟金融公司，作为国际金融中心的新加坡，在区域金融合作中处于举足轻重的地位。

1992 年 1 月，东盟在新加坡召开第四次首脑会议，决定

"在 15 年内逐步建成东盟自由贸易区"。为应对世界经济向集团化、区域化发展带来的挑战，新加坡多次表示要加速推动东盟自由贸易区的形成和发展。此外，在安全和防务方面，新加坡非常强调东盟国家集体安全防卫的重要性，积极加强和扩大与东盟成员国的军事合作。

1997 年金融危机带来的巨大冲击，使东南亚地区的政治社会形势极不稳定，东盟经济贸易合作计划的进展受到很大影响。1999 年，新加坡担任东盟常务委员会主席国，积极推动东盟的发展，如推动召开东盟－中日韩论坛和东盟－欧盟会议。新加坡认为东盟目前的任务是恢复地区稳定，加强对话、团结与合作，有效地缩小成员国之间的经济差距，增强整体的竞争力，提高东盟组织的国际声誉。在 2000 年 11 月召开的东盟非正式首脑会议上，新加坡提出了"东盟一体化计划"，并得到其他成员国的赞同。新加坡为此宣布，将在 5 年内提供 6000 万新元援助后进的东盟成员国发展科技和教育。

4　与亚投行的关系

新加坡是首批于 2014 年加入亚投行成为意向创始成员的国家之一。新加坡副总理兼财长尚达曼直言，新加坡有兴趣在亚投行的治理上"扮演角色"。新加坡财政部表示，2015 年新加坡计划认购 2.5 亿美元亚投行资本。

特别提示

★ 作为亚洲面积最小和自我感觉更容易遭受威胁的国家
之一，新加坡依赖外交政策的灵活和机敏，在与大
国交往乃至整体外交政策中时常表现出多变的风格。

★ 脆弱的地缘政治特征决定了新加坡的角色更多的是
沟通东西方的平衡者，新加坡的外交富有技巧性，
务实，擅长左右逢源。

★ 新加坡国际关系稳定，平衡的对外政策，特别是与大
国之间的良好关系，令新加坡享有与自身国家力量
不相称的影响力。

新加坡
SINGAPORE

第三篇

经济状况

新加坡
SINGAPORE ·

一　能源资源

1　主要能源

自 1891 年石油贸易开始以来，石油工业已成为新加坡经济不可分割的一部分。多年来，炼油业已成为石油工业发展的催化剂，它为化工业发展提供了必不可少的原料。今天，新加坡已成为亚洲无可争议的石油业枢纽，也是世界三大出口炼油中心之一。

新加坡积极探寻发展机会，实现能源工业的可持续性发展，将重点放在启动生物柴油生产和开发利用可再生能源的新技术方面。独特的地理优势、卓越的存储基础设施和一流的金融机构，对于加强新加坡在炼油、贸易及物流方面的领先地位起着至关重要的作用。

新加坡持续提高能源业的竞争力，政府正在开发创新的物流方案，加强炼油、贸易和物流行业的协同配合，满足全球能源需求。

全球洁净能源技术市场未来十年对高辛烷值燃料的需求将持续增大，洁净能源也日益成为新加坡的重要产业。新加坡在半导体、工业设备及化工产业方面的丰富经验和生产及技术基础，创造了开发太阳能、燃料电池及生物燃料市场的良机。

2 主要资源

新加坡的自然资源匮乏，土地贫瘠，可耕地少，只占国土总面积的5％。新加坡依靠现代化密集的农业技术，一半的可耕地已成为高产的水果、蔬菜产地。

新加坡的矿产资源极其匮乏，除武吉智马山和大小德光岛上有些花岗岩外，几乎没有其他矿产。

新加坡的植物资源丰富。热带雨林气候适宜多种植物的生长，已发现的植物物种有2000种以上。橡胶、椰子是价值较高的经济作物，但现在种植的数量已经不多。胡姬花（兰花）是当地著名的热带观赏花卉，种植普遍，品种繁多，是新加坡的重要出口产品之一，被大量销往西欧、日本、澳大利亚和中国香港等地。

新加坡的森林不多。中部武吉智马山自然保护区的热带雨林最为茂密，另有中央集水区天然保护区和麦里芝自然保护区。

新加坡的动物资源主要为海洋鱼类，还有一些家禽、家畜，如鸡、猪、牛、羊等。经考察，首次发现了9种从未被人类发现或观察到的动物，其中包括4种哺乳类、2种爬行类和3种两栖类动物。4种哺乳类动物是红颊飞松鼠、针褐老鼠、凹脸蝙蝠和白尾菊头蝙蝠。近一百年来，至少有超过1/3的动物种类在岛上消失。新加坡现有141种哺乳类、爬行类和两栖类动物，其中有80种（数量在30只以下）已濒临灭绝。野生动物主要集中在麦里芝自然保护区、武吉智马山自然保护区和义顺沼泽区。

特别提示

★ 新加坡境内自然资源匮乏，全部粮食和逾半蔬菜甚至水资源依赖进口。

★ 为了保护不多的动植物资源，新加坡于 1993 年实施绿色新加坡计划，设立了一批自然保护区。

★ 国家公园局的法令规定，随意砍伐森林、破坏植物或捕杀自然保护区内的动物，将会受到最高 1 万新元罚款或 6 个月监禁的处罚。

★ 捕杀动物有罪，捕捉后即使把动物放生也要罚款至少 100 新元。

二　基础设施

1　公路

新加坡虽然土地稀缺，但 15% 的土地面积用于建设道路，全国形成了以 8 条快速公路为主线、众多普通道路为支线的公路网络，覆盖全岛每个角落，并且通过武吉知马高速公路（BKE）和亚逸拉惹高速公路（AYE）与马来西亚相连。新加坡公路总里程为 3425 公里，公路密度为 4.79 公里 / 平方公里，其中高速路 161 公里、干线公路 652 公里、次干线公路 561 公里、普通道路 2051 公里。

2　铁路

2011 年 7 月 1 日，马来亚铁路新加坡段停运，从而结束了新加坡有铁路的历史。2013 年 2 月，新加坡与马来西亚达成协议，将修建吉隆坡至新加坡的高速铁路，作为计划中"泛亚铁路"的最南段。新马高铁全长 330 公里，设计时速在 350 公里以上，预计建设耗资 120 亿美元，2020 年建成后两地陆路交通时间将缩短至 90 分钟，从而实现新加坡和吉隆坡"一日生活圈"的双城概念。目前，两国正在进行项目规划研究，2014 年下半年开始工程招标。

新加坡轨道交通线路总长 177.7 公里，其中地铁线路

（MRT）总长 148.9 公里，共设 99 个站点；轻轨线路（TRT）总长 28.8 公里，共设 34 个站点。

3　空运

　　新加坡是亚洲地区重要的航空运输枢纽。新加坡樟宜国际机场连续多年被评为世界最佳机场。目前，100 多家航空公司驻扎该机场，形成了以新加坡为中心往返 60 个国家和地区的 250 个城市、每周 6600 多个班次的航空网络。中国国航、南航、东航、海航、厦航以及新加坡航空、胜安航空、老虎航空、捷星航空 9 家航空公司已开通新加坡往返中国北京、上海、天津、重庆、长沙、成都、大连、福州、广州、桂林、海口、杭州、哈尔滨、昆明、南京、南宁、宁波、青岛、汕头、沈阳、深圳、太原、武汉、西安、厦门和郑州共 26 个城市的航线。

4　水运

　　新加坡是世界上最繁忙的港口和亚洲主要转口枢纽之一，也是世界上最大的燃油供应港口。以新加坡为中心的海运网络由 200 多条航线组成，连接 123 个国家和地区的 600 个港口。新加坡港有 4 个集装箱处理码头，集装箱船泊位有 54 个，年集装箱处理能力达 3500 万标准箱，为全球仅次于中国上海的集装箱港口。2013 年新加坡港货运量为 5.6 亿吨，集装箱吞吐量为 3258 万标准箱，海运客运量为 658 万人次。截至 2014年 4 月底，新加坡共注册船舶 4430 艘，总吨位为 7750 万吨。

5　通信

电话。截至 2013 年底，新加坡固定电话用户为 197 万户，较上年减少 0.9%；移动电话用户为 842 万户，较上年增长 4.4%。

互联网。新加坡政府高度重视网络基础设施建设，并将其纳入提升国家知识型经济层次和国际竞争力的发展战略。截至 2013年，新加坡宽带用户（包括移动互联网用户）为 1065 万户，同比增长 4.5%。根据"智慧国 2015"计划，到 2015 年，新加坡将采用光纤到户技术，将全岛宽带网速提升到 1Gbps，比现有最高网速快 10 倍，宽带网普及率从目前的 52% 提升到 90%。

邮政。新加坡设有 62 个邮局和 300 多台邮政自助机，邮政服务网络遍布全岛各主要区域，国内和国际快捷邮件业务为邮政业务重点。

6　电力

新加坡电力资源供应充足，可满足本国经济和社会发展的需要。全国电力装机容量约为 10680 兆瓦，全部为火电，燃料为石油和天然气。2013 年总发电量为 479.5 亿千瓦时，销售电量 432.3 亿千瓦时。其中，居民用电量占 17.1%，制造业用电量占 35.8%，其他企业用电量占 47.1%。

2008 年，中国华能集团新加坡全资子公司（中新电力）与新加坡淡马锡集团签署了收购淡马锡大士电力公司 100% 股权的排他性协议。大士电力公司是新加坡三大电力企业之一，通过收购大士电力公司，华能集团在新加坡拥有 2670 兆瓦的装机容量，占有新加坡电力市场 25% 以上的市场份额。

特别提示

★ 新加坡基础设施完善，拥有全球最繁忙的集装箱码头、服务最优质的机场、亚洲最广泛的宽频互联网体系和通信网络。

★ 新加坡交通发达、设施便利，是世界重要的转口港及联系亚洲、欧洲、非洲、大洋洲的航空中心。

★ 新加坡是世界上人均国际互联网互联程度最高的国家，互联网互联节点（STLX）与世界 30 多个国家和地区连接。

扩展阅读：新加坡的基础设施发展规划

轨道交通

2011 年，新加坡推出轨道交通建设规划，预计未来 10 年轨道交通建设总投资将达到 500 亿美元。

2013 年初，新加坡宣布在 2030 年之前将地铁网络从现有的 178 公里延长到 360 公里。另外，新加坡与马来西亚已经就全长约 300 公里的吉隆坡至新加坡的高速铁路系统（HSR）展开非正式磋商，该项目预计耗资 80 亿～120 亿新元。

航空

2012 年 9 月，新加坡樟宜机场关闭廉航候机楼，就地新建年载客量为 1600 万人次的第四航站楼，预计在 2017 年投入使用，届时樟宜机场年载客量将增加到 8500 万人次。另外，新加坡还于 2012 年公布了樟宜机场初步扩建计划，拟将其周边 1000 公顷土地纳入机场范围，使机场面积增加 77%，达到 2300 公顷，届时将根据机场客流量增长情况考虑在扩建区域新建 1～2 个航站楼，并建设飞机保养、维修和翻新服务（MRO）以及航空物流等设施。近期则有意将一条现有的军用跑道改为军民共用的机场第三跑道，以缓解樟宜机场容量不足问题。

港口

位于丹戎巴葛的新加坡港租约将于 2027 年到期，新加坡有意将港口搬迁到西部大士地区，现已着手开展可行性研究。腾空后的丹戎巴葛地区将建设为集商务、旅游、休闲、居住于一体的滨海新城。

电力

2011 年 5 月，新加坡宣布拟投入数十亿新元建设 400 千伏的超高压地下电网。该电网由东西和南北走向的两条地下隧道构成，东西向隧道全长 16.5 公里，南北向隧道全长 18.5 公里，隧道内径为 6 米，计划分别于 2016 年和 2017 年建成。

公交巴士

2012 年新加坡财政预算案宣布，政府将拨款 11 亿新元用于资助大型公交运营商购买巴士及支付运营成本，未来 5 年将为现有地铁线添购 100 余辆列车。

供水

2013 年 3 月，新加坡公布其未来 50 年水源发展蓝图，预测 2060 年新加坡日用水量将比目前增加 1 倍，达到 7.6 亿加仑。鉴于新加坡与马来西亚签署的第二份供水协定将于 2061 年到期，新加坡将加大投资力度，努力扩大本地新生水和海水淡化产量，力争到 2060 年使其分别满足本地 55% 和 25% 的用水需求。

三 国民经济

1 宏观经济

（1）概述

新加坡自 1965 年建国之后，奉行自由、开放的经济发展战略，力求融入世界经济体系。独立以来，新加坡经济长期高速增长，1960 ~ 1984 年 GDP 年均增长 9%。在 1997 年爆发的东南亚金融危机中，新加坡是受危机冲击最小、经济恢复最快的国家，只经历了两个季度的经济衰退。新加坡于 1994 年和 2006 年分别实现人均 GDP 20000 美元和 30000 美元的目标。2007 年新加坡人均 GDP 达 34152 美元，首次超过日本居亚洲第一位。2008 年新加坡再度面临全球金融危机，在经过 2009 年的短暂衰退之后，2010 年新加坡的经济增长率高达 14.8%，于 2010 年和 2011 年分别实现人均 GDP 40000 美元和 50000 美元的目标。

2011 年，受欧债危机的负面影响，新加坡经济增长速度放缓。2012 年经济增长率仅为 1.3%。2013 年新加坡经济起底回升，持续稳定发展，通胀率、失业率均保持在历史低位，金融环境稳定，政府收支平衡，经济前景乐观向好。

2009～2014年新加坡宏观经济数据

年份	GDP（亿美元）	经济增长率（%）	人均GDP（美元）
2009	1888.3	−0.8	37860
2010	2317.0	14.8	45640
2011	2656.0	5.2	51237
2012	2765.2	1.3	52051
2013	2957.4	4.1	54776
2014	3078.6	2.9	56284

资料来源：新加坡统计局。

（2）外债

新加坡无外债。

（3）财政状况

新加坡国会公布了2014年财政预算案。此预算案的主旨为"给未来创造机会，为前辈提供保障"。新加坡2014年的财政预算案有三个重点，即加强社保体系、鼓励企业创新和继续经济转型，这体现出新加坡政府对发展方向的顶层设计。其中最亮眼的内容是政府将拨款80亿新元（约合300亿元人民币）创建"建国一代"基金，45万名65周岁及以上的为新加坡建国做出贡献的新加坡人将因此享受终身医疗津贴。

在鼓励创新和深化经济转型方面，2014年的财政预算案将投入36亿新元支持企业提高劳动生产率，以减轻对廉价外国劳动力的依赖。效率较高、有创新冲劲的企业，将在转型中获得更多援助。

（4）国际收支

新加坡持有大量国际收支盈余，同时积累了大量外汇储备。

由于当地企业和官方的大量境外投资，新加坡资本和金融账户在 20 世纪 90 年代保持赤字，但经常账户盈余足以弥补资本账户上的流出。近年来，新加坡保持了国民生产总值近 20% 的经常账户盈余。

（5）外汇储备

新加坡国际贸易往来十分活跃，是世界最繁忙的港口之一，也是世界最大的石油提炼中心和分销中心之一。多年来新加坡一直保持两位数的经常账户盈余，外汇储备持续增长，有利于抵御经济衰退和金融危机带来的冲击。国际货币基金组织（IMF）数据显示，截至 2013 年 4 月，新加坡的外汇储备高达 2617 亿美元，并保持稳定增长。外汇储备主要由主权基金新加坡政府投资公司（GIC）管理经营。作为全球主要的离岸财富管理中心之一，新加坡还吸引了大量来自海外高净值客户的投资。新加坡政府管理的大量外汇储备资产为抵御外部经济冲击构筑了强力屏障。

特别提示

★ 新加坡政府奉行谨慎的财政政策，预算收支基本平衡，并略有结余。

★ 2014 年全球经济环境的动荡对新加坡来说是个不小的挑战。中美两大首要贸易伙伴的一些疲软迹象也迫使新加坡政府尽快推动经济转型，提升自身经济对外部冲击的抗压能力。

★ 2014 年的财政预算案赢得了民众支持，进一步巩固了新加坡政府高效、廉洁的正面形象，提振了市场信心。

★ 常年盈余的国际收支与贸易顺差为新加坡积累了雄厚的外汇储备，增强了新加坡经济对外部冲击的抵抗力。

★ 新加坡政府净负债为零，信誉及偿还能力均居世界前列。

2　贸易状况

（1）贸易总量

2013 年新加坡外贸探底回升，货物贸易额达 9802 亿新元，微降 0.5%。其中，出口额为 5134 亿新元，增长 0.6%；进口额为 4668 亿新元，下降 1.6%。贸易顺差为 466 亿新元。

（2）贸易结构

新加坡的主要出口商品为成品油（占 24%）、电子元器件（占 22%）、化工品（占 10%）和工业机械（占 2%）等；主要进口商品为成品油（占 22%）、电子元器件（占 17%）、原油（占 10%）、化工品（塑料除外，占 6%）和发电设备（占 3%）等。

（3）贸易伙伴

新加坡的货物贸易伙伴主要集中在邻近的东南亚地区以及中国、日本、韩国和美国；主要出口市场为马来西亚、中国内地、中国香港、印度尼西亚、美国、日本和韩国；主要进口来源地为中国大陆、马来西亚、美国、中国台湾、韩国、日本、印度尼西亚和阿联酋。

（4）辐射市场

新加坡国内市场规模小，经济外向型程度高。因此，新加坡政府一直积极参与并推动全球贸易自由化进程。

新加坡于 1973 年加入《关税和贸易总协定》（GATT），是 1995 年 1 月 1 日世界贸易组织（WTO）创建时的正式成员。

新加坡是亚太经合组织（APEC）、亚欧会议（ASEM）、东南亚国家联盟（ASEAN）等区域合作组织的成员，也是世界上签订多边、双边自由贸易协定最多的国家之一。新加坡签订的自由贸易协定涵盖 20 个地区，涉及 31 个贸易伙伴，包括秘鲁、中国、美国、日本、韩国、澳大利亚、东盟、印度、新西兰、巴拿马、约旦、瑞士、列支敦士登、挪威、冰岛、智利、哥斯达黎加、海合会等。另外，新加坡与加拿大、墨西哥、巴基斯坦、乌克兰等国家和组织的自贸协定正在积极商谈中。目前正参与商谈的主要区域协定包括泛太平洋伙伴关系协定（TPP）和全面经济伙伴关系协定（RCEP）。

新加坡地理位置适中，以其为中心的 7 小时飞行圈覆盖亚洲各主要城市，辐射亚洲 28 亿人口市场。另外，新加坡国际企业发展局在全球 20 个国家设有 35 个代表处，协助企业开拓国际市场，扩展商业网络。

（5）吸收外资

吸引外资是新加坡的基本国策。联合国贸发会议发布的《2014 年世界投资报告》显示，2013 年新加坡吸收外资流量为637.7亿美元。截至2013年底，新加坡吸收外资存量为8376.5亿美元。

截至2012年末，新加坡前十大外资来源地分别为美国（1065亿新元）、荷兰（727亿新元）、巴哈马（594亿新元）、日本（591亿新元）、英国（484亿新元）、百慕大群岛（440亿新元）、瑞士（311亿新元）、开曼群岛（308亿新元）、中国香港（277亿新元）和马来西亚（271亿新元）。来自中国的投资存量为142亿新元，排名第17位。

从行业分布来看，截至2012年末，金融保险业吸收外资3596亿新元，同比增长21.7%，占新加坡吸收外资总额的48.2%；制造业吸收外资1285亿新元，同比下降9.6%，占17.2%；批发零售业吸收外资1268亿新元，同比增长7.2%，占17.0%；专业管理服务吸收外资396亿新元，同比下降2.5%，占5.3%；运输仓储业吸收外资377亿新元，同比增长10.1%，占5.0%；房地产业吸收外资271亿新元，同比增长10.6%，占3.6%。

（6）贸易主管部门

新加坡国际企业发展局是隶属新加坡贸易工业部的法定机构，是新加坡对外贸易主管部门，其前身是成立于1983年的新加坡贸易发展局。新加坡国际企业发展局下设贸易促进部，并分设商务合作伙伴策划署和出口促进署，主要职责是宣传新加坡作为国际企业都会的形象以及提升以新加坡为基地公司的出口能力。

（7）贸易法规体系

新加坡与贸易相关的主要法律有《商品对外贸易法》《进出口管理办法》《商品服务税法》《竞争法》《海关法》《商务争端

法》《自由贸易区法》《商船运输法》《禁止化学武器法》《战略物资管制法》等。

（8）贸易管理的相关规定

开展进出口和转运业务的基本条件主要有：必须在新加坡组建一家公司并向会计与企业管理局注册（查询网址：licences.business.gov.sg，通过在线商业注册服务注册公司）；注册公司后，必须向新加坡关税局免费申请中央注册号码，中央注册号码将允许通过贸易网系统提交进出口和转运准证申请。

贸易交换网系统是新加坡全国范围内的贸易电子信息交换系统，能让公共部门和私营部门在此平台上交换电子贸易数据和信息。一般情况下，在新加坡开展进出口业务或转运业务必须在贸易交换网上获得相关业务准证（查询网址：www.tradexchange.gov.sg）。

货物进口。货物进口到新加坡前，进口商需通过贸易交换网向新加坡关税局提交准证申请。如符合有关规定，新加坡关税局将签发新加坡进口证书和交货确认书给进口商，以保证货物真正进口到新加坡，没有被转移或出口到被禁止的目的地。一般情况下，所有进口货物都要缴纳消费税。如果进口货物是受管制的货物，则必须向相关主管部门提交准证申请并获得批准。

货物出口。非受管制货物通过海运或空运出口，必须在出口之后3天内，通过贸易交换网提交准证申请。受管制货物或非受管制货物通过公路和铁路出口的，必须在出口之前通过贸易交换网提交准证申请。出口受管制货物还必须事先取得相关主管机构的批准或许可。

货物转运。所有从一个自由贸易区转运至另一个自由贸易区的货物，或在同一个自由贸易区内转运受主管部门管制的货物，必须事先通过贸易交换网取得有效的转运准证后才能将货物装载到运输工具上。

（9）进出口商品检验检疫

新加坡对进口商品检验检疫的标准和程序十分严格。负责进口食品、动植物检验检疫的部门是农粮兽医局（AVA），负责进口药品、化妆品等商品检验的部门是卫生科学局（HSA）。

农产品和食品检验。农产品和食品的进口商须向AVA申请执照，只有获得AVA进口执照的贸易商才能在新加坡从事农产品和食品进口业务。AVA有一套完整的食品安全计划，对肉、鱼、新鲜水果和蔬菜、蛋、加工食品等商品的进口来源、包装运输、检验程序、检验标准有不同的要求和详尽的规定（查询网址：www.ava.gov.sg）。

动物检疫。只有获得AVA执照的进口商才可以在新加坡从事商业用途的动物进口。每次进口动物须向AVA申请许可，并提前获得海关清关许可。所有进口动物需符合AVA的兽医标准（查询网址：www.ava.gov.sg）。

植物检疫。进口植物及植物产品需出示原产国有关机构签发的植物检疫证书并获得AVA的进口许可。所有进口植物及植物产品必须符合AVA规定的健康标准，除另有规定外，植物及植物产品进口后必须接受AVA检查。受《华盛顿公约》（CITES）保护的濒临绝种植物，必须备有CITES的许可证方可进口。

药品、化妆品检验。根据《药品法》《有毒物质法》《滥用药物法令》，新加坡所有从事药品进口、批发、零售以及出口的经营者需向 HSA 取得相关许可后方可开展业务。进口药品和化妆品前，必须向 HSA 如实申报其成分、疗效等相关信息，获得批准后方可进口。HSA 对进口相关产品进行抽检，一旦与申报不符，即取消其经营相关产品的资格。

（10）海关管理规章制度

新加坡海关管理的主要法律法规包括《海关法》《货物和服务税收条例》《进出口管理条例》《自由贸易区条例》《战略物品管制法》《禁止化学物品法》等（查询网址：www.customs.gov.sg/）。

新加坡《海关法》规定，进口商品分为应税货物和非应税货物。应税货物包括石油、酒类、烟类和机动车辆四大类商品，非应税货物为上述四大类商品之外的所有商品。应税货物和非应税货物进口到新加坡都要征收 7% 的消费税，对应税货物除征收消费税外，还要征收国内货物税和关税。

根据 2008 年 10 月中新签署的自由贸易协议，新加坡对从中国进口的应税货物税率给予了优惠安排。

3　投资状况

（1）外国投资状况

作为一个岛国，吸引外资是新加坡的基本国策。新加坡自独立以来，十分重视通过引进外资创造就业机会，推动经济增长。根据新加坡统计局发布的数据，截至 2012 年底，新加坡共吸引海外直接投资 7467 亿新元。

新加坡的外国直接投资主要集中在金融保险服务业、制造业、批发零售贸易和酒店餐饮业，这些领域吸引的外资占新加坡外资存量的 80% 左右。在制造业领域，石油化工、生物医药、电子元器件等行业的大型跨国公司均在新加坡有投资项目。

（2）投资主管部门

新加坡负责投资的主管部门是经济发展局（EDB），成立于 1961 年，是隶属新加坡贸工部的法定机构，也是专门负责吸引外资的机构，具体制定和实施各种吸引外资的优惠政策并提供高效的行政服务。其远景目标是将新加坡打造成为具有强烈吸引力的全球商业与投资枢纽。

（3）投资环境

新加坡经济属于外向型经济，是全球著名的转口贸易和金融中心。在世界银行发布的《全球营商环境报告》中，新加坡连续八年名列榜首，在其他有关投资环境的评价指数中，新加坡也均名列前茅。新加坡投资环境的吸引力主要来自以下几个方面。①地理位置优越。新加坡位于海上交通咽喉要道，拥有天然深水避风海港，是全球著名的转口贸易中心。②基础设施完善。新加坡拥有全球最繁忙的集装箱码头、服务最优质的机场、亚洲最广泛的宽频互联网体系和通信网络等。③政治社会稳定。新加坡社会治安良好，是世界上犯罪率最低的国家之一，社会政治环境稳定。④商业网络广泛。新加坡产业结构优化程度高，所覆盖的产业类型丰富，可投资的范围广。⑤融资渠道多样。新加坡是全球著名的国际金融中心，是全球资本的重要集散地之一。⑥法律体系健全。新加坡法律体系健全，拥有比较完备的申诉体系，为投资者提供了法治保障。⑦政府廉洁高效。新加坡政府以高效廉洁著称，为外来投资提供快捷高效的服务和相对公平的投资环境。⑧优惠政策支持。新加坡推出多种促进经济发展的优惠政策，且外资企业基本上可以和本土企业一样享受这些优惠政策。

（4）投资行业规定

新加坡对外资准入政策宽松，除国防相关行业及个别特殊行业外，对外资的运作基本没有限制。此外，新加坡政府还制订了特许国际贸易计划以及区域总部奖励、跨国营业总部奖励、金融与资金管理中心奖励等多项计划以鼓励外资进入。同时，经济发展局还推出了一些优惠政策和发展计划来推动企业拓展业务，如创新发展计划、企业研究奖励计划、新技能资助计划等。

根据新加坡政府公布的 2010 年长期战略发展计划，电子、石油化工、生命科学、物流等 9 个行业被列为奖励投资领域。

（5）投资方式规定

新加坡对外资进入的方式无限制。除金融、保险、证券等特殊领域需向主管部门报备外，绝大多数产业领域对外资的股权比例等无限制性措施。

新加坡对个人投资给予外资国民待遇，外国自然人依照法律，可申请设立独资企业或合伙企业。

新加坡对于外资在境内开展并购总体上无特殊限制。普通私人有限公司在收购兼并活动中需要遵守《公司法》及公司章程的相关规定，对于上市企业在收购兼并过程中，必须符合"Securities and Futures Act, Company Act and Merge and Take over Code"的相关规定（详见新加坡金管局网站）。对收购兼并的目标，需要由第三方独立的机构进行公允值评估，作为收购或者兼并的依据，在兼并收购过程中，也需要遵守《合同法》等其他相关法律法规的要求。新加坡有《竞争法》，以确保企业在运营、经营中公平竞争。关于收购兼并的主要手续及操作流程，并没有固定的格式与要求，建议企业在进行收购兼并之前，委托当地具有一定影响力和公信力的会计师事务所、律师事务所及相关行业机构，如环保部门等，就收购兼并目标的财务、法律、行业合规性等进行尽职调查，矿业及资源类企业应对矿业、资源的储量、拥有权、开采权等进行相应调查。

扩展阅读：新加坡对外国投资的优惠政策

优惠政策框架

新加坡优惠政策的主要依据是《公司所得税法案》和《经济扩展法案》以及每年政府财政预算案中涉及的一些优惠政策。

新加坡采取的优惠政策主要是为了鼓励投资和出口，增加就业机会，鼓励研发和生产高新技术产品以及使整个生产经营活动更具活力。如对涉及的特殊产业和服务（如高新技术、高附加值企业）、大型跨国公司、研发机构、区域总部、国际船运以及出口企业等给予一定期限的减免税优惠或资金扶持。对于政府推出的各项优惠政策，外资企业基本上可以和本土企业一样享受。

产业优惠政策。新加坡经济发展局为鼓励、引导企业投资先进制造业和高端服务业，提升企业劳动生产率，推出了先锋计划、投资加计扣除计划、业务扩展奖励计划、金融与资金管理中心税收优惠计划、特许权使用费奖励计划、批准的外国贷款计划、收购知识产权的资产减值税计划、研发费用分摊的资产减值税计划等税收优惠措施，以及企业研究奖励计划和新技能资助计划等财政补贴措施。

环球贸易补贴。新加坡国际企业发展局为支持企业开展国际贸易活动，打造环球都市，推出了环球贸易商计划。

中小企业优惠。新加坡标新局为扶持中小企业发展，鼓励创新，提高企业劳动生产率，推出了天使投资者税收减免计划、天使基金、孵化器开发计划、标新局起步公司发展计划、技术企业商业化计划、企业家创业行动计划、企业实习计划、管理人才奖学金、高级管理计划、业务咨询计划、人力资源套餐、知识产权管理计划、创意代金券计划、技术创新计划、品牌套餐、企业标准化计划、生产力综合管理计划、本地企业融资计划、微型贷款计划等财税优惠措施。

创新优惠计划。为了实施新加坡经济战略委员会2010年提出的未来10年七大经济发展战略，围绕提高劳动生产率、提升企业能力和打造环球都市三大战略目标，新加坡政府出台了一系列优惠措施，如推出生产力及创新优惠计划、培训资助计划和特别红利计划，设立国家生产力基金，强化就业入息补助计划，通过税收减免鼓励企业并购重组和土地集约化经营，并组建项目融资机构支持企业国际化经营。

特别值得一提的是生产力及创新优惠计划（一年共计5.2亿新元）。该计划于2010年推出，实施期限为2011～2015年。根据该计划，企业在规定的6项经营活动中，首30万新元符合规定的费用可以享受250%的税额抵扣。这6项费用包括研究与开发费用、认可的设计费用、收购知识产权费用、知识产权注册费用、购买／租赁自动化设备费用、员工培训费用。政府在2011年的财政预算案中宣布加大计划的各项优惠力度。在六大项目中，每个项目可享受税额抵扣的上限从首30万新元提高到40万新元，可享受的税额抵扣比例从以前的250%提高到400%。也就是说，企业在规定的6项活动的任意一项中，每花费100新元即可从政府处收到68新元的津贴。政府在2011年的财政预算案中还提高了该计划的现金发放额，除了税收抵扣外，企业也可选择在首笔10万新元符合规定

的费用中享受现金发放，最高套现额从 2010 年的 2.1
万新元提升到 3 万新元。有关政府优惠政策的详细情
况可通过新加坡企业通网站（www.enterpriseone.gov.
sg）查询。

行业鼓励政策

　　先锋企业奖励。享有先锋企业（包括制造业和服
务业）称号的公司，自生产之日起，其从事先锋活动
的所得可享受免征 5 ~ 10 年所得税的优惠待遇。先锋
企业由新加坡政府部门界定。在通常情况下，从事新
加坡目前还未大规模开展且是经济发展所需的生产或
服务的企业，或从事具有良好发展前景的生产或服务
的企业可以申请"先锋企业"资格。

　　发展和扩展奖励。从政府规定之日起，一定基数
以上的公司所得可享受最低 5% 的公司所得税率，为
期 10 年，最长可延长到 20 年。此项政策主要是为鼓
励企业不断增加在高新技术和高附加值领域的投资并
提升设备质量和营运水平。曾享受过先锋企业奖励的
企业以及其他符合条件的企业均可申请享受此项优惠。

　　服务出口企业奖励。从政府规定之日起，向非新
加坡居民或在新加坡没有常设机构的公司或个人提供
与海外项目有关的符合条件的服务的公司，其符合条
件的服务收入的 90% 可享受 10 年的免征所得税待遇，
最长可延长到 20 年。

　　区域／国际总部计划。将区域总部（RHQ）或国际总部（IHQ）设在新加坡的跨国公司，可适用较低的企业所得税税率。区域总部为15%，期限为3～5年；国际总部为10%或更低，期限为5～20年。此项政策主要是为鼓励跨国公司将区域总部或国际总部设在新加坡。具体优惠企业可与新加坡企业发展局（EBD）进行商谈，企业发展局可根据公司规模及其对新加坡的贡献为企业量身定做优惠配套措施。

　　国际船运企业优惠。拥有或运营新加坡船只或外国船只的国际航运公司，可以申请10年免征企业所得税的优惠，最长期限可延长到30年。申请企业应具备以下条件：是新加坡居民企业；拥有并运营一定规模的船队；在新加坡的运营成本每年超过400万新元；至少10%的船队（或最少1只船）在新加坡注册。此类优惠项目由新加坡海运管理局（MPA）负责评估。

　　金融和财务中心奖励。此项政策是为鼓励跨国企业在新加坡设立金融和财务中心（FTC），从事财务、融资和其他金融服务业务。金融和财务中心从事符合条件的活动取得的收入可申请享受10%的企业所得税优惠税率，为期10年，最长可延至20年。

　　研发业务优惠。为鼓励企业加大研发力度，新加坡政府规定，自2009估税年度起，企业在新加坡发生的研发费用可享受150%的扣除，并对从事研发业务的企业每年给予一定金额的研发资金补助。

国际贸易商优惠。为鼓励全球贸易商在新加坡开展国际贸易业务，对政府批准的"全球贸易商"给予5～10年的企业所得税优惠，税率减低为5%或10%。此项优惠项目由新加坡国际企业发展局（IES）负责评估。

此外，新加坡还对部分金融业务、海外保险业务、风险投资、海事企业等给予一定的所得税优惠或资金扶持。

地区鼓励政策

因新加坡为城市国家，不仅国土面积小，而且无地区差异，因此，新加坡没有针对地区投资的鼓励政策。

4　中国在新加坡投资的政治风险

一般认为，新加坡政治稳定，政府廉洁，市场化程度高，是外来投资的天堂，几乎不存在政治风险，但细究起来，对新加坡投资也可能遭遇部分政治风险。

政府违约风险。在人民行动党的领导下，新加坡政局长期稳定，但近年来反对党发展较快，并在国会中取得了一定议席；人民行动党的执政理念也不断受到年青一代的挑战；铁腕人物李光耀的去世也在一定程度上影响了新加坡政局的发展。未来，新加坡可能出现的政权交错更替、政党轮流执政、政府政策变化等增加了中国对新加坡投资可能遭遇的政府违约风险。

区别性政府干预风险。新加坡的外资准入政策十分宽松，对于外资的行业准入几乎没有什么限制。但如果外国投资者投资通信、新闻、电力、交通等公共事业，行政审批较严。新加坡《制造业限制投资法》对限制投资者进入的行业进行了规定，主要是一些关系新加坡国计民生的行业，目的是保护本国的民族工业，这些区别性政府干预政策带有一定的针对性，较为严厉。而中国的投资恰恰集中于这些行业，受政策影响大，潜在政治风险较为突出。

资金转移风险。新加坡不存在外汇管制，资金可以自由流入或流出，企业投资收益汇出新加坡没有限制也不需要缴纳特殊税费。但为了维持新元的稳定，新加坡实行新元非国际化政策，主要是对于非居民持有新元的规模及个人携带现金出入境存在一定的限制，这在一定程度上给中国对新加坡投资带来了不便甚至是外汇兑换、资金转移等风险。

政治暴力风险。新加坡国内政局稳定，但是与马来西亚、文莱、印度尼西亚、越南、菲律宾等国家在海域上存在争端，为了争夺领土主权经常发生武装冲突甚至局部战争，导致区域国家间政治关系时常恶化，突发的冲突甚至战争必然会影响中国在新加坡投资的安全。

扩展阅读：中国人在新加坡工作的风险

财务风险

根据 2011 年 4 月 1 日生效的《新加坡雇佣中介

法》，新加坡劳务中介公司只允许按照雇佣合同或工作准证期限（以较短的为准），每年收取劳务人员 1 个月的工资额作为中介费，且最多只能收取 2 个月的工资额。如果雇主在 6 个月内提前解除雇佣合同，新方中介必须退还劳务人员 50% 的中介费。如果劳务人员自愿提前解除合同或从雇主处离开，新方中介可不退中介费。因此，劳务人员向国内中介、新方中介缴纳任何费用，应及时索取收据，收据上应列明收费项目、数额、公司名称，加盖公章或有公司负责人签字。如无收据，在追索中介费时将面临很大困难。新加坡法律无法解决劳务人员与中国国内中介之间的中介费纠纷，劳务人员须回国后按照与国内中介签订的外派协议和国内有关法律法规追索中介费。

治安风险

据了解，新加坡发生了多起中国公民租房遭遇诈骗的案件。中方已敦促新加坡有关机构加强房屋租赁管理，打击非法中介。同时，提醒在新加坡的中国公民选择可靠的房屋租赁中介机构，以免受骗。另外，中方劳务人员应当注意交通安全，遇到问题应及时向使馆方面求助。

签证风险

《中华人民共和国政府和新加坡共和国政府关于外交、公务和公务普通护照持有者互免签证的协定》

已于 2011 年 2 月 18 日在新加坡签署。双方已完成本国法律程序并确认上述协定自 2011 年 4 月 17 日起生效。该协定规定，持有效外交、公务和普通护照的中国公民和持有效外交、公务护照的新加坡公民，入境缔约另一方如不超过 30 日，可免办签证。

上述中新两国公民如欲进入缔约另一方国境并停留超过 30 日，或以工作、学习或任何赢利活动为目的，应根据缔约另一方主管部门的有关规定在抵达缔约另一方国境前申办签证或有关通行证。提醒中方赴新加坡务工人员注意按要求办理相关签证，避免误解签证政策造成的贻误和损失。

纠纷风险

中国劳务人员来新务工权益受侵害，或与雇主、中介发生劳资纠纷后，应及时到新加坡人力部求助。新加坡人力部处理纠纷需要一定程序和时间，其间中国劳务人员大多须留在新加坡配合调查，特别是对一些工伤赔偿、雇主或中介涉及比较复杂违法行为的案件，人力部调查处理所需时间较长。中国劳务人员要做好心理准备，同时在配合调查期间，如遇到生活和经济困难，应及时到人力部、新加坡外籍劳务中心、中国驻新加坡大使馆求助。

5　税收体系

新加坡以属地原则进行征税。任何公司和个人在新加坡发生或来源于新加坡的收入，或者在新加坡取得或被视为在新加坡取得的收入，都属于新加坡的应税收入，需要在新加坡纳税。另外，在新加坡收到的境外收入（如股息、利息、分公司利润等）也必须缴纳所得税，有税务豁免的除外。新加坡作为岛国，全国实行统一的税收制度。新加坡目前的税种主要包括企业所得税、个人年所得税、消费税、房地产税、印花税等。新加坡实行的是内外资一致的公司税，国外投资企业与新加坡企业享有同样的税收政策。为了鼓励跨国公司到新加坡设立总部，新加坡政府制定了一系列配套税收优惠政策，符合条件的地区总部只需缴纳 10% 的公司所得税。此外，为鼓励新加坡居民个人将国外的资金汇回新加坡投资或管理，居民个人的海外收入可以免税。对居民在新加坡本地通过金融投资获得的收入也一概免税。

特别提示

★ 在新加坡开展投资、贸易、承包工程和劳务合作的
过程中，要特别注意进行事前调查、分析、评估相
关风险，事中做好风险规避和管理工作，切实保障
自身利益。

★ 按照新加坡规定，在办理工作许可过程中提交虚假材料属违法行为，劳务人员可能面临坐牢、罚款或两者兼施的处罚。对于被中介公司蒙蔽而办理了假文凭的劳务人员，新加坡人力部也会要求劳务人员留在新加坡协助调查，劳务人员通常也会因此而无辜蒙受较大损失。因此，劳务人员切忌心存侥幸，以免造成严重后果。

★ 新加坡投资环境的吸引力主要表现在地理位置优越、基础设施完善、政治社会稳定、商业网络广泛、融资渠道多样、法律体系健全、政府廉洁高效、优惠政策支持等方面。

★ 尽管新加坡市场开放程度高，对于外资具有强大的吸引力，但还是存在一些值得关注的问题：新元非国际化，主要是限制非居民持有新元的规模；新加坡自然资源短缺，部分水、气等资源依靠进口，受国际能源价格影响较大；新加坡劳动力供应不足，外籍劳务需求量大，劳动力成本逐年增加；凡为公共目的所需的土地，政府都可强制性征用；新加坡的进口商品检疫标准和程序十分严格，对境内企业的环保标准设定也很高，触犯相关规定的惩罚力度极大。

★ 企业在新加坡投资，重点要关注的领域有生物制药业、物流仓储业、电子工业、石化工业、精密工程、旅游业、资讯通信业、基础设施建设、宇航业。

★ 尽管中国对新加坡的投资可能会遭遇一定的政治风险，但是中新两国加强经贸合作、中国对新加坡扩大投资是大势所趋。新加坡投资环境绝佳，是中国"走出去"战略不可忽视的阵地之一。

四　产业发展

　　2008 年，受国际金融危机影响，新加坡的金融、贸易、制造、旅游等多个产业受到冲击，《海峡时报》指数创五年内新低，经济增长率为 1.1%。2009 年，经济增长率跌至负数。新加坡政府采取积极应对措施，加强金融市场监管，努力维护金融市场稳定，提升投资者信心并降低通胀率，推出新一轮刺激经济政策。2010 年，经济增长率为 14.8%。2011 年，受欧债危机影响，经济增长放缓。2012 年，经济增长率仅为 1.3%。2014 年，经济增长率为 2.9%，较 2013 年的 4.1% 有所减缓，具体经济数据如下：国内生产总值（2014 年）为 3078.6 亿美元；人均国内生产总值（2014 年）为 56284 美元；国内生产总值增长率（2014 年）为 2.8%；通货膨胀率（2014 年）为 1%；失业率（2014 年）为 2%。

1　工业

　　1961 年，新加坡政府为加快工业化进程，促进经济发展，创建了裕廊工业区。该区面积为 70 平方公里，包括来自各地的跨国公司和本地的高技术制造业公司。新加坡政府根据地理环境的不同，将新加坡东北部划为新兴工业和无污染工业区；将沿海的西南部、裕廊岛和毛广岛等划为港口和重工业区；将中部地区划为轻工业和一般工业区。新加坡的工业主要包括制造业和建筑业。2012年产值为1085.5亿新元，占国内生产总值的25.1%。制造业产品主要包括电子、化学与化工、生物医药、精密机械、交通设备、石油、炼油等产品。迄今新加坡已经成为东南亚最大的修造船基地之一，以及世界第三大炼油中心。

2 农业

农业园区位于林厝港，拥有可耕地面积600多公顷，产值占国民经济的比重不到0.1%。农业中保存高产值出口性农产品的生产，如种植热带兰花、饲养供观赏用的热带鱼、种植一些传统的热带经济作物等。截至2014年，新加坡共有50个蔬菜农场、3个鸡蛋农场，以及126个陆地与沿海养鱼场。蔬菜产量大约占总消耗的12%，鸡蛋和鱼类产量分别占本地消耗的26%和8%。

3 服务业

新加坡的服务业扮演着重要的经济角色，主要产业包括批发零售业（含贸易服务业）、商务服务业、交通与通信业、金融服务业、膳宿业（酒店与宾馆）、其他共六大门类。批发零售业、商务服务业、交通与通信业、金融服务业是新加坡服务业的四大重头行业，其中批发零售业由于包括贸易在内，所以其份额最大。新加坡的商务服务业则包括不动产、法律、会计、咨询、IT 服务等行业。交通与通信业包括水、陆、空交通及运输，也包括传统的邮政服务和新兴的电信服务业。金融服务业则包括银行、证券（股票、债券、期货）、保险、资产管理等门类。可以说，正是依托这四大服务业的发展，新加坡才确立了其亚洲金融中心、航运中心、贸易中心的地位。

4　旅游业

新加坡的旅游业收入占 GDP 的比重超过 3%，旅游业是新加坡外汇的主要来源之一。游客主要来自东盟国家、中国、澳大利亚、印度和日本等地。据新加坡旅游局统计，新加坡在

新加坡圣淘沙海滩
图片提供：达志影像

2014 年接待的外国游客总数五年来首次下降至 1510 万人次，比上年减少 3%。旅游收益则与上年同期一样，保持在 235 亿新元。

特别提示

- ★ 新加坡是世界第三大炼油中心和石油贸易枢纽之一，也是亚洲石油产品定价中心。
- ★ 服务业是新加坡的支柱性产业，在新加坡经济中扮演着重要的角色，服务业产值约占新加坡 GDP 的 2/3。
- ★ 旅游业收入是新加坡外汇的主要来源之一。

五 金融体系

1 金融体系结构

新加坡凭借其优越的地理位置、公正严明的法律体系、完善的社会保障和充分自由的市场经济，为金融机构与市场参与者创造了一个公开透明的金融市场，为新加坡成为国际金融中心奠定了基础。新加坡的金融体系在过去表现出了卓越的韧性，在几次国际金融危机中，相较于其他东盟国家，新加坡的金融市场并未受到严重冲击。目前，已有超过 600 家金融机构（包括银行、保险公司、基金公司）在这一自由化市场内竞争生存。

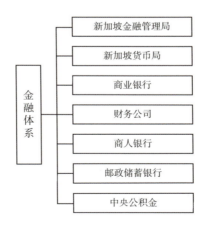

新加坡的金融体系结构

（1）中央银行

新加坡金融管理局（MAS）是新加坡的中央银行，成立于1971年，由政府部门执行并管理，其职能是制定金融和货币政策，首要职责是保证本国经济的稳定发展。有别于他国央行以利率作为货币政策的调控工具，MAS利用外币汇兑机制管控本国的货币政策，以稳健的汇率政策促使新加坡经济持续稳定增长。

（2）银行体系

新加坡的银行体系经历过数次变迁。由于占据优越的地理位置，以及拥有完善的基础设施，新加坡迅速发展为东盟贸易枢纽，加上国内金融业的良好信誉，自20世纪70年代起，来自世界各国的100多家银行争相落户新加坡。直到20世纪90年代末，全球经济局势风云突变，1997年的亚洲金融风暴使作为亚太金融中心的新加坡深受经济萎靡与资金外流的影响。为保护本国银行业，新加坡政府开始限制外国银行的业务领域。1999年5月，MAS发表政策声明，提出重新开放新加坡银行业，这标志着保护政策的终结。该政策同时推进了本地银行业的兼并和集中，并优化了对本地银行的监管和治理。经过几次变迁，现阶段新加坡银行体系包括商业银行、商人银行和金融公司。

2   融资条件

外资企业可向新加坡本地银行、外资银行或中资银行、各类金融机构申请融资业务，并由银行或金融机构审核批准。可申请的贷款和融资类型包括短期贷款、汇款融资、应收账款融资、出口融资、分期付款等。申请银行贷款，需提交申请者自身情况、企业概况、营业计划、赢利情况等必要材料。此外，新加坡政府为鼓励外资进入，在研发、贸易、企业扩展等方面制定了一系列优惠或奖励措施，如新企业发展计划、企业家投资奖励计划、全球贸易商计划、地区总部奖等。上述计划由新加坡法定机构管理，如企发局、经发局、金融管理局等。企业可根据自身条件申请，以获得税收优惠或手续便利等。

3 外汇管理

新加坡本国的外汇管理分属三大机构：金融管理局负责固定收入投资和外汇流动性管理，用于干预外汇市场和作为外汇督察机构发行货币；新加坡政府投资公司（GIC）负责外汇储备的长期管理；淡马锡控股利用外汇储备投资国际金融和高科技产业以获取高回报。

新加坡无外汇管制，资金可自由流入或流出。企业利润汇出无限制也无特殊税费。但为保护新元，1983 年以言实行新元非国际化政策，主要限制非居民持有新元的规模。主要包括：银行向非居民提供 500 万新元以上融资，用于新加坡境内的股票、债券、存款、商业投资等，银行需向金融管理局申请；非居民通过发行股票筹集的新元资金，如用于金融管理局许可范围外的境内经济活动，必须兑换为外汇并事先通知金融管理局；若金融机构有理由相信非居民获得新元后可能用于投机新元，银行不应向其提供贷款；对非居民超过 500 万新元的贷款或发行的新元股票及债券，如所融资金不在新加坡境内使用，汇出时必须转换成所需外币或外币掉期。

4　金融体系监管

新加坡是著名的国际金融中心，金融业相当发达。发达的金融业有赖于其不断发展完善的银行监督管理体制。新加坡的银行监督管理体制建立于银行法基础之上，颇具特色。

新加坡的金融监管主体为 MAS，它具有中央银行金融调控与金融监管两大职能。从职能结构上看，MAS 可分为六大职能组团。

MAS 的金融监管职能由"金融机构监管组团"实施。该组团是 MAS 最大的组团，由银行署、保险署、证券期货署、

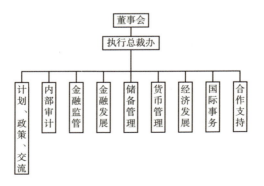

MAS 的整体组织框架及职能构成

市场体系与风险顾问署、监管政策署、监管法律服务署组成。银行署是该局最大的一个部门，其人员占MAS总员工数的1/8。新加坡的银行较多，银行署下设六个银行监管组群，并明确了每个组群的监管机构。同时，在银行署内部专门设立了"资本市场部"，以便与银行署内的有关部门合作开展对银行资本期货业务的监管。

特别提示

★ 新加坡的金融监管体系有三个显著特点：一是监管当局具有较强的独立性；二是实行混业经营和合业监管的体制；三是银行业监管注重管监分离和有效协作。

★ 新加坡的金融体系成熟稳健，充满活力。新加坡金融市场的蓬勃发展不仅得益于新加坡地处东南亚航运战略要道，容纳着巨额国际贸易活动，而且归功于监管机构专业高效的监管措施所营造出的法治、透明、高度市场化的金融环境。同时，新加坡稳定的政治环境、完善的基础设施、亲商的税收政策和雄厚的客户基础也吸引了来自世界各地的顶尖金融机构。

扩展阅读：新加坡金融业繁荣发展背后的五大秘籍

从自然禀赋和地理位置来看，新加坡是地处东南亚、比邻马来西亚和印度尼西亚的岛国。从商业环境和激励措施来看，新加坡金融业的异军突起，得益于其优良的信用环境和具有竞争力的财税政策。

2014年8月9日是新加坡49岁的生日。经过49年的发展，新加坡从一个国内资源匮乏、经济社会落后的第三世界国家，一跃成为经济发达国家。据悉，2013年新加坡的经济增长率达到4.1%，失业率仅为1.8%，人均国民收入超过5.5万美元，跻身全球前八位。而新加坡的金融行业是推动新加坡经济的主要支柱点。据了解，2013年新加坡金融业增加值占国民生产总值的比重达12.2%（其中，银行业增加值占金融业增加值的比重为46.7%），新加坡所管理的全球财富规模高达2.1万亿美元，仅次于纽约和瑞士，列全球第三位。是什么让新加坡经济得以快速发展的？其实新加坡金融业的快速发展有其独特的五大原因。

从法律制度和监管机构来看，新加坡金融法律完备、监管机构独特

法律完备、执法严格、监管有效、秩序井然，是许多到访过新加坡的外国人的普遍感受。新加坡金融

法律体系由银行法、保险法、证券法、期货交易法、基金管理法、外汇交易法以及 MAS 发出的信函和其他相关法规组成，这些法律主要由 MAS 制定并经国会批准后颁布实施。

值得注意的是，MAS 对新加坡所有金融机构和领有资金市场服务执照的公司履行管理职能，其管理的对象除了涵盖目前中国"一行三会"所监管对象范围的总和之外，还包括对财富管理、信用评级等准金融类机构的管理。MAS 的综合性、权威性可见一斑。这也是新加坡金融业混业经营与合业监管体制的客观要求。

从自然禀赋和地理位置来看，新加坡是地处东南亚、比邻马来西亚和印度尼西亚的岛国

新加坡的国土面积虽几经填海有所扩大，但既无农田也缺乏矿产资源，即便是居民日常所需的食物和饮用水，相当一部分也要依赖进口。然而，新加坡拥有极为独特的地理位置：一是地处东八时区，与伦敦正好相差 8 个小时，这意味着当伦敦结束一天的金融交易，纽约还未开始金融交易时，正是新加坡可以进行金融交易的时段，这能够帮助新加坡的金融交易弥补伦敦、纽约金融交易时段的空缺；二是处在连接太平洋和印度洋的黄金水道——马六甲海峡的咽喉地带，国际货物流、信息流、资金流在此交汇、中转、集散。

二者为新加坡成功打造国际金融中心提供了天然而又独特的条件。

从政府态度和监管理念来看，新加坡政府鼓励自由竞争、守住风险底线

新加坡作为一个岛国，是一个开放、自由、竞争较为充分的经济体。按照 MAS 现任负责人所持的观点，金融监管不应该让市场感到"窒息"，而是应该促进市场的运作，监管者可以提供"交通灯"和"道路指示牌"来进行引导，但道路安全最终还是取决于公路上的司机，也就是金融业的从业者。

因此，作为政府金融管理部门，MAS 的主要职责在于设定科学合理、严格有效的金融业发展基本规则，督促被监管对象严格执行规则，着力维持公平、公开、公正的金融业竞争秩序，有效防范金融业发展的系统性风险，而绝不是通过严密的规制来防止金融领域单个金融机构、产品或项目的风险。例如，1997 年亚洲金融风暴以后，新加坡政府总结经验教训，加强了对本币跨境流动的管理，以及对外汇资金进入新加坡股票证券市场和房地产领域的管控，卓有成效地防范了 2008 年美国次贷危机对新加坡的影响。

从商业环境和激励措施来看，新加坡金融业的异军突起，得益于其优良的信用环境和具有竞争力的财税政策

在新加坡，MAS 建立网站公开法律规章，披露监管信息。不仅如此，政府还通过征信局等第三方建立了对单位、个人的金融和非金融活动信用评级记录等信息系统。新加坡政府通过持之以恒的努力，营造了优良的诚信环境。与此同时，新加坡是一个世界公认的低税负国家和国际避税港。

为了实现打造"东方瑞士"的发展目标，新加坡政府持续性地强化了其具有国际竞争力的税收等激励政策。1968 年政府取消了对非居民存款人利息收入的预扣税；1977 年对采用亚洲货币单位进行结算的各项离岸所得仅征收 10% 的公司所得税；1983 年对当地银行等金融机构采用亚洲货币单位提供的银行贷款所得收入免征公司所得税；近年来，新加坡政府实施了免收年营业收入 100 万新元以下小企业的公司所得税以及取消对个人征收遗产税等关键性政策措施。

从忧患意识和全球视野来看，地寡人稀、资源匮乏、国内市场空间狭小等现实条件的制约，促使新加坡人形成了居安思危的忧患意识，并具备洞悉世界的全球视野

新加坡建国伊始，政府就以打造"东方瑞士"为发展目标。自 1998 年起，新加坡政府又开始着力打造全球财富管理中心。然而仅仅在亚洲，与伦敦时差 8 小时左右并且具有成为重要国际金融中心基础条件的地区不在少数，除了新加坡，还有日本东京、韩国首尔，以及中国的香港、上海、北京、深圳等。

由于新加坡人具有极强的竞争意识和忧患意识，新加坡政府在学习借鉴瑞士金融机构为客户严格保守秘密等做法的同时，努力打造优良的健康医疗和子女教育环境等配套性设施，以此吸引更多的全球高净值人士，集聚与配置更多的全球财富。通过扬长避短、抢抓机遇，最终修成正果，逐步成为以全球财富管理中心为特色的国际金融中心之一。

上述这些具有国际竞争力的税收激励政策的实施，加快了区域性和全球性总部公司、高净值人群及其巨额财富向新加坡的集聚，促进了新加坡科技类小企业的发展与壮大，有力地配合了新加坡建设以全球财富管理中心为重要特色的国际金融中心。

新加坡
SINGAPORE

第四篇
双边关系

新加坡
SINGAPORE ···

一 双边政治关系

　　新加坡于 1990 年 10 月 3 日同中国建立外交关系，建交以来，两国高层交往频繁，合作关系相对密切。自 1995 年起，中新两国外交部建立了磋商机制，迄今已举行多轮磋商。两国除互设使馆外，新加坡在上海、厦门、广州和香港设有总领事馆，在成都设有领事馆。目前，两国之间在政治领域的交流与合作迅速发展，成果显著。根据初步统计，2013 年，中国副部级以上（含副部级）官员访问新加坡 9 人次。2015 年 3 月新加坡前总理李光耀逝世之后，中共中央 4 名常委发去唁电，国家副主席李源潮亲赴新加坡参加葬礼，足见中新关系之密切。

　　2015 年 11 月 6 ～ 7 日，习近平主席对新加坡进行国事访问，庆祝中新建交 25 周年。习近平主席与新加坡总统陈庆炎一致决定：中新关系升格，定位为与时俱进的全方位合作伙伴关系。在李显龙夫妇陪同下，习近平夫妇出席为胡姬花新品种命名仪式。中新双方宣布启动"中新（重庆）战略性互联互通示范项目"，这是继苏州工业园区、天津生态城之后的第三个政府间合作项目。

二 双边经济关系

2008 年 10 月，中国与新加坡签署了《中国－新加坡自由贸易协定》，自 2009 年 1 月 1 日起正式生效。新加坡是东盟国家中第一个与中国签订全面自由贸易协定的国家。根据协定，自 2009 年 1 月 1 日起，新加坡取消全部从中国进口商品的关税。中国也从 2010 年 1 月 1 日起对 97.1% 的来自新加坡的进口商品取消关税。自此，中新双边经贸关系逐步实现了全方位、多层次、宽领域的发展。

2009 ～ 2014 年，中新贸易持续稳定增长。根据中方统计，2014 年双边货物贸易额达到 797.4 亿美元，同比增长 5%。新加坡是中国在东盟地区的第三大货物贸易伙伴，仅次于马来西亚和越南。在双方货物贸易中，机电产品一直是新加坡对中国出口的主力产品，占 50% ～ 60%；矿产品是新加坡对中国出口的第二大类商品，其他为塑料橡胶、化工、纺织服装、玩具和家具等。新加坡自中国进口的主要商品为机电产品、金属及其制品和矿产品，除上述产品外，化工产品、纺织品及原料、光学钟表、医疗设备等也是新加坡自中国进口的主要大类商品。

目前中新两国已建立 3 个副总理级经贸合作机制，涉及双向投资、劳务合作和服务贸易等诸多领域的部门间工作合作机制以及中国 7 个地方省市政府与新加坡相关政府间的省部级经贸合作机制。

特别提示

★ 中国和新加坡两国外交部自 1995 年起建立磋商机制，迄今已举行多轮磋商。两国除互设使馆外，新加坡在上海、厦门、广州和香港设有总领事馆，在成都设有领事馆。

★ 中新经贸合作发展迅速。新加坡是中国在东盟地区的第三大货物贸易伙伴，仅次于马来西亚和越南。

三　新加坡主要商会、金融行业协会及华人社团

当地主要商会

1. 中资企业（新加坡）协会[China Enterprises Association（Singapore）]

电　　话：（0065）68830708

传　　真：（0065）68830443

电　　邮：joy.yang@cea.org.sg

网　　址：www.cea.org.sg

2. 新加坡中华总商会（Singapore Chinese Chamber of Commerce）

地　　址：47 Hill Street #09-00，Singapore 179365

电　　话：（0065）63378381

传　　真：（0065）63390605

电　　邮：corporate@sccci.org.sg；corporate@sccci.org.sg

网　　址：www.sccci.org .sg

3. 新加坡中国商会（Singapore—Chinese Business Association）

地　　址：6001 Beach Road #11-01，Golden Mile Tower，Singapore 199589

电　　话：（0065）62213900

传　　真：（0065）62251558

网　　址：http：//www.scbworld.com

4. 新加坡国际商会（Singapore International Chamber of Commerce）

地　　址：6 Raffles Quay #10-01 Singapore 043580

电　　话：(0065) 62241255

传　　真：(0065) 62242785

电　　邮：general@sicc.com.sg

网　　址：http://www.sicc.com.sg/

5. 新加坡中国产品进出口商协会（Singapore Chinese Merchandise Importers & Exporters Association）

地　　址：6001 Beach Road #11-01 Golden Mile Tower, Singapore 199589

电　　话：(0065) 62983622

传　　真：(0065) 62969492

6. 新加坡中国医药保健品商会（Singapore Chinese Medicines & Health Products Merchant Association）

地　　址：100 Eu Tong Sen Street, #03-19 Pearls Centre, Singapore 059812

电　　话：(0065) 62213900

传　　真：(0065) 62251558

7. 新加坡纺织服饰商会（Singapore Textile & Fashion Federation）

地　　址：190 Middle Road #19-01, Fortune Centre Singapore 188979

电　　话：(0065) 67358390

传　　真：（0065）67358409

电　　邮：admin@taff.org.sg

网　　址：http://www.taff.org.sg

金融行业协会

1. 新加坡银行业协会（Association of Banks in Singapore）

地　　址：10 Shenton Way #12–08 MAS Building，Singapore 079117

电　　话：（0065）62244300

传　　真：（0065）62241785

电　　邮：banks@abs.org.sg

网　　址：www.abs.org.sg

2. 新加坡普通保险协会（General Insurance Association）

网　　址：http://www.gia.org.sg/

3. 新加坡保险代理人协会（Association of Singapore Insurance Agents）

网　　址：http://www.asia.org.sg/

4. 新加坡证券投资者协会（Securities Investors Association of Singapore）

地　　址：7 Maxwell Road #05–03 MND Building Annexe B Singapore 069111

电　　话：（0065）62272683

传　　真：（0065）62206614

华人社团

1. 新加坡宗乡会馆联合总会（Singapore Federation of Chinese Clan Association）

职　　能：新加坡宗乡会馆联合总会成立于 1986 年 1 月 27 日，是由福建会馆、潮州八邑会馆、广东会馆、南洋客属总会、海南会馆、三江会馆及福州会馆联合发起的。其主要宗旨是：加强华人宗乡会馆的密切合作，主办或资助有关教育、文化、社会等方面的活动，提高公众对华族语文、文化和传统的认识。自成立以来，总会一直肩负着带动华人社会、推展华族文化事业、发扬华族优良传统的神圣使命，成为华人宗乡会馆的最高领导机构。

地　　址：397 Lorong 2 Toa Payoh Singapore 319639

电　　话：（0065）63544078

传　　真：（0065）63544095

电　　邮：admin@sfcca.sg

2. 新加坡惠州会馆（Wue Chiu Fui Dun Singapore）

职　　能：新加坡惠州会馆是新加坡华人地缘社团，成立于 1870 年。其宗旨是联络乡情，敦睦宗亲，举办慈善公益教育活动，共谋宗亲福利，协同广、惠、肇各大会馆，办理当地一切公益慈善教育事业。还参加客属总会，也是广、惠、肇团体主要成员，下设互助会、资助学基金。

地　　址：Craig Road Singapore 0208

电　　话：（0065）62218001

传　　真：（0065）62216921

3. 新加坡广东会馆（Singapore Kwangtung Huikuan）

职　　能：新加坡广东会馆成立于 1937 年，致力于团结属下四种方言群社团和人士，为粤籍人士谋福利；积极参与新加坡人民争取民族独立的斗争，并积极投入经济恢复建设，为新加坡的经济腾飞做出了应有的贡献。

地　　址：No.151 Chin Swee Road #15-01 Manhattan House Singapore 169876

电　　话：（0065）67355216

传　　真：（0065）62354681

电　　邮：skthk@singnet.com.sg

网　　址：http：//sfcca.org.sg/kwangtungclan

4. 新加坡潮州八邑会馆

职　　能：新加坡潮州八邑会馆创立于 1830 年，初名为"义安公司"，1929 年 1 月正式成立"新加坡潮州八邑会馆"。其宗旨是：团结乡亲，谋求潮人福利，振兴公益，服务社会性，推动文教，建设国家。

地　　址：No.97，Tank Road，Singapore 238066

电　　话：（0065）67382691

传　　真：（0065）67386937

电　　邮：admin@teochew.org.sg

网　　址：http：//www.teochew.org.sg

四　新加坡当地主要中资企业

境内投资主体	境外投资企业（机构）	归属	经营范围
中国船舶燃料有限责任公司	中燃国际石油（新加坡）私人有限公司	中央企业	船舶燃料供应及有关的燃油贸易，油驳、油罐的经营管理和租用业务，大宗成品油、燃料油贸易等
中国石油国际事业有限公司	中国石油国际事业（新加坡）有限公司	中央企业	从事原油、石油产品的贸易和石化产品的仓储、运输及销售业务
中国石油集团东方地球物理勘探有限责任公司	开拓者有限责任公司	中央企业	从事海上勘探，海上勘探有关设备买卖、租赁、进出口及研发，海上地震船运营管理以及其他地球物理服务
中海发展股份有限公司	中海发展（新加坡）航运有限公司	中央企业	从事国际油品运输、船舶管理、船舶租赁和买卖、船舶修理代理、船舶物料供应、船舶备件供应、航运人员培训、船舶油料供应等
中国中钢股份有限公司	中钢东盟代表处	中央企业	制定区域公司发展战略；代表中钢股份实施对中钢在东盟生产、经营、人事、财务、资源开发和风险管控等工作的协调和管理
中国石油化工股份有限公司	中国石化润滑油（新加坡）有限责任公司	中央企业	石油化工产品及设备贸易，润滑油、润滑脂生产，润滑油、润滑脂技术开发与技术服务，物流服务
中冶建筑研究总院有限公司	中冶置业新加坡有限公司	中央企业	房地产开发
中国核工业华兴建设有限公司	中和华兴发展有限责任公司	中央企业	工程承包及劳务输出、工程材料、机具的采购

续表

境内投资主体	境外投资企业（机构）	归属	经营范围
中国石化燃料油销售有限公司	中国石化燃料油（新加坡）有限公司	中央企业	作为中国石化燃料油销售有限公司的海外贸易平台和国际结算中心，承担海外采购、调和、接单、套期保值、保税油业务结算等
中石化炼化工程（集团）股份有限公司	中国石化炼化工程公司新加坡有限公司	中央企业	炼油、化工、储运工程总承包；炼油、化工生产装置操作运行和维护维修服务承包；招标项目的总承包；进出口业务及其他与境外工程总承包相关的业务和服务等

详细中资企业名录请参见：

中国商务部"中国对外投资和经济合作"网站⇨"境外企业（机构）"，相关网址为 http://wszw.hzs.mofcom.gov.cn/fecp/fem/corp/fem_cert_stat_view_list.jsp。

新加坡
SINGAPORE

附　录

新加坡
SINGAPORE ···

附录一　世界银行·营商环境指数

为评估各国企业营商环境，世界银行通过对全球国家和地区的调查研究，对构成各国企业营商环境的十组指标进行了逐项评级，得出综合排名。营商环境指数排名越高或越靠前，表明在该国从事企业经营活动的条件越宽松。相反，指数排名越低或越靠后，则表明在该国从事企业经营活动越困难。

新加坡营商环境排名

新加坡	
地区	东亚及太平洋地区
收入类别	高收入
人均国民收入总值（美元）	55150
营商环境 2016 年排名：1，与上年相比，持平	

新加坡营商环境概况

下表同时展示了新加坡各分项指标与"世界领先水平"的距离，"世界领先水平"反映了《2016 年全球营商环境报告》所包含的所有经济体在每个指标方面（自该指标被纳入《营商环境报告》起）表现出的最佳水平。每个经济体与领先水平的距离以从 0 到 100 的数字表示，其中 0 表示最差表现，100

表示领先水平。

指标	新加坡	东亚及太平洋地区	经合组织
开办企业			
2016 年与世界领先水平的距离（百分点）：96.49			
程序（个）	3.0	7.0	4.7
时间（天）	2.5	25.9	8.3
成本（占人均国民收入的百分比）	0.6	23.0	3.2
实缴资本下限（占人均国民收入的百分比）	0	9.8	9.6
办理施工许可证			
2016 年与世界领先水平的距离（百分点）：92.97			
程序（个）	10.0	14.7	12.4
时间（天）	26.0	134.6	152.1
成本（占人均国民收入的百分比）	0.3	1.8	1.7
建筑质量控制指标（0 ~ 15）	14.0	8.6	11.4
获得电力			
2016 年与世界领先水平的距离（百分点）：94.34			
程序（个）	4.0	4.7	4.8
时间（天）	31.0	74.1	77.7
成本（占人均国民收入的百分比）	25.9	818.8	65.1

指标	新加坡	东亚及太平洋地区	经合组织
供电可靠性和电费指数透明度（0～8）	8.0	3.6	7.2
登记财产			
2016 年与世界领先水平的距离（百分点）：85.66			
程序（个）	4.0	5.3	4.7
时间（天）	4.5	74.2	21.8
成本（占财产价值的百分比）	2.9	4.4	4.2
土地管理系统的质量指数（0～30）	26.5	13.0	22.7
获得信贷			
2016 年与世界领先水平的距离（百分点）：75.00			
合法权利指数（0～12）	8.0	6.2	6.0
信用信息指数（0～8）	7.0	3.9	6.5
私营调查机构覆盖范围（占成年人的百分比）	0	14.0	11.9
公共注册处覆盖范围（占成年人的百分比）	58.6	21.9	66.7
保护少数投资者			
2016 年与世界领先水平的距离（百分点）：83.33			
少数投资者保护力度指数（0～10）	8.3	5.0	6.4
纠纷调解指数（0～10）	9.3	5.5	6.3

续表

指标	新加坡	东亚及太平洋地区	经合组织
披露指数	10.0	5.5	6.4
董事责任指数	9.0	4.7	5.4
股东诉讼便利度指数（0 ~ 10）	9.0	6.4	7.2
股东治理指数（0 ~ 10）	7.3	4.6	6.4
股东权利指数（0 ~ 10）	8.0	5.3	7.3
所有权和管理控制指数（0 ~ 10）	7.0	4.2	5.6
公司透明度指数（0 ~ 10）	7.0	4.2	6.4
纳税			
2016 年与世界领先水平的距离（百分点）：96.56			
纳税（次）	6.0	25.3	11.1
时间（小时）	83.5	201.4	176.6
应税总额（占利润的百分比）	18.4	33.5	41.2
利润税（占利润的百分比）	2.0	16.7	14.9
劳动税及缴付（占利润的百分比）	15.3	9.0	24.1
其他税（占利润的百分比）	1.1	6.5	1.7
跨境贸易			
2016 年与世界领先水平的距离（百分点）：89.35			
出口耗时：边界合规（小时）	12.0	51.0	15.0

续表

指标	新加坡	东亚及太平洋地区	经合组织
出口所耗费用：边界合规（美元）	335.0	396.0	160.0
出口耗时：单证合规（小时）	4.0	75.0	5.0
出口所耗费用：单证合规（美元）	37.0	167.0	36.0
进口耗时：边界合规（小时）	35.0	59.0	9.0
进口所耗费用：边界合规（美元）	220.0	421.0	123.0
进口耗时：单证合规（小时）	1.0	70.0	4.0
进口所耗费用：单证合规（美元）	37.0	148.0	25.0
执行合同			
2016 年与世界领先水平的距离（百分点）：84.91			
时间（天）	150.0	553.8	538.3
成本（占标的额的百分比）	25.8	48.8	21.1
司法程序质量指数（0～18）	15.5	7.6	11.0

程序	指标		
时间（天）	150.0		
备案与立案	6.0		
判决与执行	118.0		

续表

指标	新加坡	东亚及太平洋地区	经合组织
合同强制执行	26.0		
成本（占标的额的百分比）	25.8		
律师费 （占标的物价值的百分比）	20.9		
诉讼费 （占标的物价值的百分比）	2.8		
强制执行合同费用 （占标的物价值的百分比）	2.1		
司法程序质量指数（0～18）	15.5		
办理破产			
2016年与世界领先水平的距离（百分点）：74.83			
回收率（每美元美分数）	89.7	32.5	72.3
时间（年）	0.8	2.7	1.7
成本（占资产价值的百分比）	3.0	21.8	9.0
结果（0为零散销售，1为持续经营）	1	0	1
破产框架力度指数（0～16）	8.5	6.8	12.1
启动程序指数（0～3）	3.0	2.2	2.8
管理债务人资产指数（0～6）	4.0	3.1	5.3
重整程序指数（0～3）	0.5	0.8	1.7
债权人参与指数（0～4）	1.0	1.4	2.2

资料来源：世界银行《2016年全球营商环境报告》。

附录二　其他领事馆信息

中国驻新加坡大使馆经济商务参赞处

（The Economic and Commercial Counsellor's Office of the Embassy of the People's Republic of China in the Republic of Singapore）

电　话：（0065）64121900

传　真：（0065）67338590

地　址：150 Tanglin Road, Singapore

邮　编：247969

网　址：http：//sg.mofcom.gov.cn

新加坡对华投资业务：（0065）64121936

对新加坡投资业务：（0065）65121937

承包工程、中资企业管理和服务：（0065）64121930

劳务合作业务：（0065）64121935

跋

　　"丝绸之路经济带"和"21世纪海上丝绸之路"战略构想为沿线国家的经贸往来和文化融合带来千载难逢的机遇。作为中国唯一连续经营百年以上、机构网络遍及海内外40多个国家和地区的大型商业银行，中国银行在国际化经营水平、环球融资能力、跨境人民币业务等方面具有独特优势。随着国家"一带一路"战略梦想一步步走进现实，中国银行正励精图治，努力成为实现这个伟大梦想的金融大动脉。

　　"国之交在于民相亲，民相亲在于心相交。""一带一路"战略布局涉及区域广阔，业务广泛。它不仅是一条经济交通之路，更是一条民心交融之路，其建设发展在很大程度上取决于文化的影响力和穿透力。《文化中行——"一带一路"国别文化手册》的付梓，恰逢我行整合海内外资源、布局全球一体化协同发展的关键时期。《手册》以研究海外机构特点和服务对象需求为出发点，致力于解决文化冲突、促进文化融合，力求为海外机构提供既符合中国银行价值理念，又符合驻在国实际的文化指引。

　　《手册》在前期充分调研的基础上，与社会科学文献出版社共同编辑出版。《手册》紧紧围绕业务需求，深耕专业领域，创新工作思路，填补了我行海外文化建设领域的空白。这是中国银行在大踏步国际化背景下，抓紧建设开放包容、具有强大影响力的企业文化的需要，是发挥文化"软实力"、保持集团可持续发展的需要，更是投身国家重大战略部署、担当社会责任的需要。

社科文献出版社是我国社会科学研究领域的权威出版机构，在人文社会科学著作出版方面享有盛誉。在编纂过程中，特别邀请了外交部、商务部专家重点审读相关章节。针对重点领域的工作需要，设置了"特别提示"和"扩展阅读"，为"一带一路"发展战略提供了较为丰富的实例和参考。

文化的力量是无穷的。希望《文化中行——"一带一路"国别文化手册》行之弥远、传之弥久，以文化的力量推动"一带一路"金融大动脉建设，为实现"担当社会责任，做最好的银行"的战略目标添砖加瓦。

2015 年 12 月

后　记

　　《文化中行——"一带一路"国别文化手册》是中国银行在全力服从国家"一带一路"战略，依托百年发展优势，布局全球、协同发展的大背景下编撰的国别类文化手册。由中国银行企业文化部牵头，在办公室、财务管理部、总务部、集中采购中心的大力支持下，在社会科学文献出版社经管分社团队的共同努力下编辑出版。

　　手册在编辑过程中广泛征求了各海外分支机构的意见，得到了雅加达分行、马来西亚中国银行、马尼拉分行、新加坡分行、曼谷子行、胡志明市分行、万象分行、金边分行、哈萨克中国银行、伊斯坦布尔代表处、巴林代表处、迪拜分行、阿布扎比分行、匈牙利中国银行、卢森堡有限公司波兰分行、俄罗斯中国银行、乌兰巴托代表处、秘鲁代表处、仰光代表处、孟买筹备组、墨西哥筹备组、维也纳分行、摩洛哥筹备组、智利筹备组、毛里求斯筹备组、布拉格分行的大力支持，在此一并表示感谢。

　　编写组在编纂过程中参考了不同渠道的相关资料，主要包括外交部国家（地区）资料库，商务部"对外投资合作国别

（地区）指南 2014 版"，社会科学文献出版社"列国志"大型
数据库，以及中国银行海外分支机构提供的相关资料。

　　本手册系定期更新，欢迎各界提供最鲜活的资料，使手册
更具权威性和客观性。

图书在版编目(CIP)数据

新加坡 / 中国银行股份有限公司,社会科学文献出版社编.
—北京:社会科学文献出版社,2016.1
(文化中行:"一带一路"国别文化手册)
ISBN 978-7-5097-8447-1

Ⅰ.①新… Ⅱ.①中… ②社… Ⅲ.①新加坡-概况
Ⅳ.①K933.9

中国版本图书馆CIP数据核字(2015)第276703号

文化中行:"一带一路"国别文化手册

新加坡

编　　者 / 中国银行股份有限公司
　　　　　社会科学文献出版社

出　版　人 / 谢寿光
项目统筹 / 恽　薇　王婧怡
责任编辑 / 冯咏梅

出　　　版 / 社会科学文献出版社·经济与管理出版分社(010)59367226
　　　　　　地址:北京市北三环中路甲29号院华龙大厦　邮编:100029
　　　　　　网址:www.ssap.com.cn
发　　　行 / 市场营销中心(010)59367081　59367090
　　　　　　读者服务中心(010)59367028
印　　　装 / 北京盛通印刷股份有限公司

规　　　格 / 开　本:889mm×1194mm 1/32
　　　　　　印　张:4　字　数:84千字
版　　　次 / 2016年1月第1版　2016年1月第1次印刷
书　　　号 / ISBN 978-7-5097-8447-1
定　　　价 / 48.00元